做有温度的班主任

主　编　林先锋　王伟丽

编　委　（排名不分前后）

宋祥玉　姜　萌　王　帅　杨萌萌　董丽妮

徐卫红　徐　鑫　刘　霞

中国海洋大学出版社

·青岛·

图书在版编目（CIP）数据

做有温度的班主任 / 林先锋，王伟丽主编. -- 青岛：
中国海洋大学出版社，2025.2. -- ISBN 978-7-5670
-4062-5

Ⅰ. G451.6

中国国家版本馆CIP数据核字第2024D57N70号

做有温度的班主任

ZUO YOU WENDU DE BANZHUREN

出版发行	中国海洋大学出版社	
社　　址	青岛市香港东路23号	邮政编码　266071
网　　址	http://pub.ouc.edu.cn	
出 版 人	刘文菁	
责任编辑	杨亦飞　郝倩倩	电　　话　0532-85902342
印　　制	青岛中苑金融安全印刷有限公司	
版　　次	2025年2月第1版	
印　　次	2025年2月第1次印刷	
成品尺寸	170 mm×240 mm	
印　　张	14.25	
字　　数	226千	
印　　数	1～1000	
定　　价	58.00元	
订购电话	0532-82032573（传真）	

发现印装质量问题，请致电0532-85662208，由印刷厂负责调换。

目 录

育人故事篇

读书感悟篇

班级管理篇

"小纸花"的启迪

王伟丽

　　教育心理学中有个理论叫"隐性学习",指的是在没有明确教学意图的情况下,学生通过观察和模仿学习知识和行为。这种学习方式对学生的影响深刻而长远,它强调了环境和个人榜样在教育过程中的重要性。在一个秩序良好的环境中,学生更容易形成积极的行为习惯和价值观。在我的教育实践中,有这样一件小事印证了这一观点。

　　故事发生在一个平凡的上午,我走向第三节课的数学课堂。推开门的瞬间,我仿佛置身于一个被纸片雪花覆盖的世界。上一节美术课过后,纸片随处可见,如同一场精心策划的艺术爆炸。

　　我沉默着缓缓扫视每一个学生,让钟表的秒针在静谧中划过数圈。这种沉默不是责备,而是一种等待,等待他们自我反思。接着,我拿出手机,捕捉这一刻教室地面的混乱。然后,我拿起扫帚,从讲台前开始清扫那些散落的纸片。

　　学生看着我的举动,有些惊讶。随即几个勇敢的学生走上前来,主动加入清洁的行列,我们共同承担起了让这个教室恢复整洁的责任。

　　清洁完毕,我又拍下了一张干净的教室地面的照片,两张照片在课堂的大屏幕上循环播放。学生们看着屏幕上映出的两种截然不同的场景,不禁发出了惊叹。

　　"看这里,像是被龙卷风刮过一样!"一个学生指着第一张照片说。

　　"现在看起来好舒服,我感觉能呼吸了!"另一个学生对着第二张照片笑着说。

　　"以后如果做手工,我要及时把小纸片收起来。"

"这么整洁、干净的环境是王老师清理出来的！"

"我以后也要像王老师这样，主动打扫卫生，也要多整理教室的物品。"学生们七嘴八舌地讨论起来。

我微笑着回应他们的评论，及时肯定他们的发现，接着提问："那么，还有哪些事情是你们自己可以做好的呢？"

学生争先恐后地回答："清理桌面、整理书包、擦窗户、整理书架……"通过提问，引导学生认识到这些日常小事实际上是提高责任感和自我管理能力的大事。

在此基础上，我进一步阐述："教室是我们共同的家，每个人的贡献都极其重要。正如一个温暖的家需要家庭成员的共同维护，教室也需要我们每个人的细心照料。"

这样的互动不仅让学生认识到自己的责任，也让他们理解了集体行动的力量。他们开始懂得，每一次主动整理，不仅有助于维护班级卫生，也是对自己的一次锻炼。

之后，学生经常在日常学习生活中展示他们新学到的自我管理技能。教室里不再纸片飞扬，每个学生都成了这个小家的守护者。

这堂特殊的数学课，我用"身教重于言传"的方式，教会了学生远比数字和公式更深刻的生活课题。每个人都是社会的一分子，每个人的选择和行动都会影响整个环境。教育，不仅是在传授知识，更是在培养未来的公民，要引导他们理解并担当起自己的职责。

作为一名教师，我见证了教室从混乱到有秩序的转变，也见证了学生的成长。这是教育中最宝贵的收获——激发和引导学生自主成长，将他们培养成对社会有贡献的人。

我的书香班级发展史

宋祥玉

作为一名热爱阅读的教师，我深知阅读对学生成长的重要性。安徒生的童话常读常新，常常令人感动于童心的可贵，让我更加珍惜与学生在一起的时光。管建刚的《一线带班》用朴实无华的语言，让我学到了班级管理的智慧。《明朝那些事儿》以人物为主线，表达有趣，充满人生感悟，可以丰富教学内容。所以，我常想，如果我培养出一群热爱阅读的学生，他们可以从书中学到很多。

打造书香环境

打造书香环境就是从硬件上营造读书氛围，我们常说的"让班级的每一面墙都能传递知识与智慧"，不应仅仅是一句口号，而应该是一种实际行动。

一年级，学生刚入学的时候，我带着他们读《大卫上学去》。了解了大卫的各种表现，学生们捧腹大笑，在笑声中学到了很多规则：排队打饭，上课不能吃东西，听到铃声回教室。我还和学生一起读《花婆婆》，花婆婆一生对美、对理想的追求在学生心中埋下理想的种子。班里一个女生说，她以后也要像花婆婆一样办一座图书馆。另外，我也会教他们怎样读绘本，去发现绘本《朱家故事》中一个个隐藏的小细节，比如门把手上的猪，父子的影子变成猪，学生会更有兴趣继续读下去。我还会让学生画一画、写一写这些绘本故事，布置成展板，营造良好的阅读氛围。

除了根据绘本故事制作展板，我还用充满童趣的儿童诗装饰柜子门。学生每次打开柜门时都可以看到这些诗歌，在不知不觉中加深了对诗歌的印象。

现在，他们已经上四年级了，我把柜门上的儿童诗换成了经典诗文，把展板上的内容换成他们的阅读体会。到五六年级时，我将带着学生继续积累经典诗文，展板除了展示他们的阅读体会之外，还会展示他们的优秀习作，这不仅是对学生写作能力的认可，也是一种鼓励。

正如古人所言，"蓬生麻中，不扶而直"，书香教室将孕育出"腹有诗书气自华"的学子。通过创造一个富有文学氛围的环境，可以有效地激发学生的阅读兴趣和学习动力。一个良好的学习环境能够潜移默化地影响学生的行为和态度，从而促进他们的成长。

共享阅读资源

学会分享是学生成长过程中一个重要的里程碑，这不仅是一种社交技能，更是一种情感和道德发展的标志。分享不仅包括物质的交换，还包括思想、智慧的交流，会让学生有更多收获。所以，我从学生一入学就培养他们的分享精神，共享书籍是其中的一个重要方面。

为了更好地实现书籍资源的共享，我把开发一个班级借书小程序的想法告诉了班内一位从事程序开发工作的家长，希望通过这个小程序，学生可以看到班内同学提供借阅的书籍，并且规定借阅时间、到期催还等。这位热心的家长利用自己的技术特长，设计了这个班级借书小程序。

小程序上线后，受了学生的热烈欢迎，他们把自己能提供的书的名字输入小程序，其他学生看到感兴趣的书，就点击"借阅"，第二天提供书的学生就会把书带给他。读完之后，两人可以互相交流读书感想。我还会不定期地举办班级读书交流会。之前班里有许多学生都读了罗尔德·达尔的《了不起的狐狸爸爸》，于是，我就办了一次读书交流会，让他们分享自己对书中各个动物的看法，效果非常好。

通过班级借书小程序和线上互动平台，将技术工具与教育实践相结合，有效地提高了书籍的利用率，激发了学生的阅读动机，同时也促进了学生社交能力的提升。

阅读作为奖励和礼物

之前，班里一个女生的奶奶去世了，她的情绪一直很低落，爸爸、妈妈的安慰也无济于事。家长找到我，希望我可以帮帮她。我意识到，如果只是言语上的安慰可能不会有什么效果，于是，我和学生一起阅读了《一片叶子落下来》，告诉他们应该如何面对生离死别。我把这本书送给了她。她接过书时，眼里含着泪。我拥抱了她，对她说："生命会延续不止。"也许她还不能很好地理解这句话，但她可以感受到大家对她的支持和鼓励。

作为班主任，我们可能经常采取说教的方式教育学生，但其实这是最简单也是最无力的方法，通过阅读书籍可以潜移默化地影响和激励学生。

班里有一个男生十分调皮，但他很喜欢读书，于是我买了一套《明朝那些事儿》，打算作为阶段性的奖励。比如，有一次他考试书写进步了，我送他一本；他因表现好而被学校表扬时，我就会再送他一本。为了尽快读到下一本，他一直严格要求自己。最后在一年的时间里我把9本书都送给了他，而他既增长了历史知识，又提高了自律能力。

将书籍作为奖励和礼物，减少了老师说教的尴尬，不仅增强了学生的阅读动力，还正向引导并塑造了他们的积极行为。

在书香班级的打造中，在班级读书氛围的营造中，我深刻感受到读书给学生带来的力量。因为班级有读书氛围，他们可以经常感受到书中内容的丰富多彩；因为有班级借书小程序，他们从分享中发现智慧的光芒。由此，他们爱上了读书，书成为一种正向的引导，班级在这种正向的循环中不断进步，向善向美。

"慧"做班主任，同心共成长

王帅

俗话说，三分教，七分管。这句话充分地体现出管理的重要性。作为一个已经有19年班主任工作经验的"老班"来说，在这么多年的一线工作中，我一直在与时俱进，探索能够让学生乐在其中的班级管理方式。

"人人时时有事做，时时处处有人管"

"人人时时有事做，时时处处有人管"是若干年前我在听魏书生老师讲座的时候，印象最深的一句话。这句话给我的触动很大。所以，在多年的班主任工作中，我一直坚持这个原则。

一天，小夏同学跑来告诉我："老师，我发现了班级里的一项新工作，想来听听您的意见！"我说："好啊，我们善于观察的小夏又有新想法啦！"她的脸上顿时有些得意。"王老师，这几天我发现咱们班上体育课或者课间操时，教室里的灯经常亮着，太浪费电了。我想是不是可以设置一个门窗灯管理员，等到教室没人的时候，及时把门窗灯关上。"我一听，这是个好主意。最近我确实也发现了这个问题，正想着设立一个这样的岗位，没想到被她"捷足先登"了。我连忙说："这真是个好主意，那就由你来干吧！"因为当门窗灯管理员可以得到2枚成长币，小夏同学欣然应允，连蹦带跳地向教室奔去。自从设置了门窗灯管理员岗位，再也不怕没人关教室的灯了，既节约了资源，又树立了学生的主人翁意识，何乐而不为呢？

班里的38名学生，都有适合他们自己的工作。而除了我设定的几个工作岗位之外，其他都是学生自己发现、自荐上岗的。只有自己愿意做的事，才能持之以恒地做好。班里没有"闲人"，学生都有自己的一份职责，既是管理者，又是被管理者。只有让所有人体会到班级管理的不易，才有可能让所有人自觉地遵守各项规定。

奖惩制度，乐在其中

班级学习、卫生、纪律等各方面的要求，不能只要求不落实，因此建立奖惩制度是十分有必要的。为此，我们建立了"成长银行"。班级的"成长银行"有规则若干，其实就是一份班级公约，但是以理财的方式呈现，让学生乐在其中。

那么，成长币怎么赚取，又有什么用呢？简单来说，积极参与班级学习和日常事务就可以赚取成长币。例如，本小组所有成员在一周内全部完成家庭作业，可以获得5个成长币。作业书写认真可以获得2个成长币。自己的习作发表到班级作文周报上，每次获得5个成长币。课上积极发言，保持一周，可以获得5个成长币。在餐厅吃饭保持安静，坚持"光盘"一周，可以获得5个成长币……成长币积累到一定数量可以兑换免作业卡，免除一项作业；可以兑换优先卡，优先排队、打饭、批作业等。

学生还可以利用成长币"理财"。比如，小然同学上交了50个成长币，以一个月为期限，他每天听写2课生字，一个月后，他赚取了20个成长币的利息，我退还了他的本金。在一个月的时间内，他就赚取了20个成长币，令身边的同学无比羡慕。慢慢地，有更多的学生加入了"理财"的行列，他们想出了很多"理财"的方法来赚取成长币。比如，每天做5道计算题、每天默写1首诗、每天背诵1篇英语课文，只要能够坚持一个月，都可以赚取相应的成长币。当然，如果学生犯了错误、违反了纪律等，我也会扣除他们相应数量的成长币。

有了成长币，班级里的大部分学生不但能自觉遵守各项规章制度，而且为了多赚取成长币，他们也能监督组内其他同学遵守班级公约。因为只有大家共同努力，成长币才能赚得更快、更多。

比如，小冬同学总是不能按时完成家庭作业。为此，我和学生共同讨论出了一个解决这个问题的措施：以小组为单位，一周之内全组的学生都能保质保量地按时完成作业，可获得5个成长币，并可以在每周三的下午免作业一次。自从设定了这一条规则，每天都有学生轮流"监督"小冬同学完成作业。"小冬,今天的家庭作业可别忘了写啊!""小冬,下周能不能免写作业,可全靠你了!""小冬,你哪些题不会,我来教教你吧,可千万要写完呀!"从此以后,再也不需要任课老师提醒小冬写作业了,总会有"张老师""李老师""孙老师"等来提醒他。而他呢,因为自己完不成作业会影响整个小组,所以也就不好意思不写作业了。

表面上看,我们建立了一个"成长银行",但实际上,我只是把班级的各项规章制度换了种方式实施下去。采取这种方式确实既有趣又不伤害学生的自尊心,同时还锻炼了学生的"理财"能力,一举多得。

以身作则,为学生树立榜样

俗话说,身教重于言传。永远不要小看老师在学生心中的榜样力量。老师用实际行动为学生树立榜样,往往比单纯的说教更有力量。

今天是周五,又是我们师生共同大扫除的日子。我和学生约定每个周五的中午,我们都要进行大扫除,清除教室里的卫生死角。学生负责清理自己的桌椅、桌洞以及周围的地面,我负责清理教室讲桌和周围的地面。有的时候比较忙,内心就会有一个声音不停地说:"还是不去了吧,就这一次,只要解释清楚,学生一定会理解的。"然而时间到了,我还是来到了教室。看到学生热火朝天的劳动场面,我瞬间充满了干劲儿。不一会儿,在我们的共同努力下,教室被打扫得一尘不染。虽然只是一次简单的大扫除,但老师主动参与也能起到良好的榜样示范作用。所以在我的班里,值日没有人偷懒,大家各司其职、尽心尽力,并且班级卫生保持得很好,因为大家都很珍惜自己的劳动成果。

我要求学生发现地上有垃圾,都要弯下腰捡起来并扔进垃圾桶,那么我首先会做到。学生看在眼里,记在心里,也会要求自己像老师一样,认真做好每一件事。老师的榜样力量无穷大。

有人说:"班主任在,学生能做好,是一个基本合格的班主任;班主任不在,学生能做好,是一个优秀的班主任;班主任在,学生仍不能做好,则是一个失败的班主任。"我认为,自己在班主任工作上没有什么天赋,但我一直在努力,争取成为一名有智慧的优秀班主任,与学生共同成长。

用爱心谱曲，用责任护航

徐卫红

在我多年的教学生涯中，管理班级一直是我深感自豪且充满挑战的工作。我始终坚信"以情动人，以理服人"的管理理念。在与学生相处的过程中，我注重建立深厚的师生情感，通过关心学生的生活、倾听学生的心声，让他们感受到来自老师的温暖和关怀。

同时，我也坚持原则，当学生犯错时，我会耐心地引导和教育，让他们明白事理，自觉改正。这种情感与责任并重的管理方式，营造了一个既温馨又严肃的学习环境。

对待学生要有一颗爱心

"没有爱就没有教育。"这是著名教育家霍懋征从事教育教学工作的座右铭。她说："一个老师必须热爱学生才能教好他们。"班主任要善于接近学生，体贴和关心学生，和他们进行亲密的思想交流，让他们真正感受到老师的爱和信任。爱往往是通过具体的小事反映出来的。

一次雨后放学，校园里出现了坑坑洼洼的小水坑，小迅同学兴奋得像小猪佩奇一样开始跳水坑，我马上微笑着向他摆摆手，提醒他留心脚下的路，绕开行走，告诉他湿了鞋会着凉感冒的。他马上意识到了问题，向我笑了笑，蹦跳着绕开了水坑。接着其他学生也跟着避开了水坑。

校园里像这样的小事有很多，比如，当学生书包的拉链没有拉上，我会边提醒边帮他拉上；低年级学生下课后容易忘记喝水，我会请班级学生"小闹钟"帮忙提醒大家多喝水；如果学生来到学校肚子疼，我会询问他早上吃了什么饭，帮助寻找原因，及时送医治疗。这些事看起来很平常，其实正是一个班主任爱学生的具体体现。学生也感受到了老师对他们的关心和爱护。我一直对学生说："在学校，老师就像是你们的家长，有困难可以找我帮忙。"

除了关心学生的生活，还要关心学生的学习、身体和思想状况，在精神上给予他们鼓励和支持。平日里我喜欢研究儿童心理学和教育心理学，这些知识可以帮助我更好地了解学生，教育学生。在教学工作中，时常会有学习成绩不好的学生、情绪暴躁的学生、缺少爱的学生、存在行为偏差的学生等，我常常与他们谈心，用语言开导、鼓励他们，帮助他们分忧解难。

之前，我们班有一个十分优秀的学生，他的父母突然离异，他一时不能接受这个事实，觉得都是自己的错，学习成绩也逐渐下滑。我及时与他谈心，关注他的情绪，为他辅导功课。同时，我向他的父母反映学生的现状，和他们一起探讨关心孩子的方式。慢慢地，我帮他走出了困境。

我们在与学生相处时，既要保护他们的自尊，赢得他们的信任，也要掌握他们的心理活动，用爱心温暖学生，想办法帮助他们渡过难关。唯有用爱交流，才能搭起师生之间心灵的桥梁。

精心培养班干部

班主任必须具有一定的组织和管理学生的能力，要注意培养班级的骨干力量，让学生自我管理。班干部不但要品学兼优，管理能力强，而且要有一颗积极为大家服务的心。我把具备这些品质的学生吸收进班干部队伍，平日多引导，共同探讨管理方法，争取建成一支团结、和谐、有正气的班集体队伍。

我根据班级各项工作将学生分解成学习组、生活组、卫生组、体育组、纪律组、考勤组及艺术组等管理小组。我会定期召开班干部和各组会议，教育他们时时刻刻严于律己、以身作则，要在班级中起到榜样和带头作用。我在班里和学生一起制定学生量化表，涵盖自习纪律、课间纪律、作业完成情况、卫生习惯等方面。比如，早自习时，学习组长领读语文或英语，纪律委员管理纪律；课间卫生检查员检查课桌和地面卫生。学生错误情节比较轻的提醒改正，情节比较严重的会扣星星卡。学生如果表现较好，也会获得星星卡奖励，比如，值日生认真值日，关心帮助同学。每周五我会总结学生表现情况，评出"每周之星"，把每周之星的照片做成电脑封面，在班级展览一周，激励学生继续努力。

平时，我还经常召开班干部会议，教他们如何分辨是非，及时阻止同学的不良行为。而如果班干部出现不良行为，也绝不姑息，鼓励他们以身作则，带动其他同学，共同做好班级的管理工作。

让错误成为学习的好机会

《正面管教》一书中说，孩子只有在一种"和善而坚定"的气氛中，才能培养出自律、责任感、合作以及自己解决问题的能力，这些能力可以使他们受益终身。尼尔森认为，我们要学会把管教中遇的挑战变为学习的机会。作为教师，我们首先需要改变自己对于错误的负面观念，不要认为学生犯错是一件令人头疼的事情，而应该把它看作一次学习的好机会。

有一段时间，班里的小易同学总是请假，说肚子疼。后来家长发愁地说可能是她最近不想上学，故意找借口。我想这可能就是心理学上说的不想来上学的躯体反应。怎样治好小易的"肚子疼"呢？电话中我对小易说："小易，班里的小绿植该浇水了，老师需要护花使者来帮忙。你快来吧，老师在教室等你。"她一开始声音弱弱的，听我这么说后爽快地答应了。

在学校门口迎接她时，我关心地问："听你妈妈说你肚子疼，疼得厉害吗？"我抚摸着她的头说："医生帮你检查了没有问题，你是健康的，不用害怕。是调皮的小精灵在逗你玩呢，一会儿戳你这儿，一会儿动你那儿，让你不舒服了。如果你坚强些，忍一忍就没事了。希望你能战胜它，做个坚强的女孩。"我向她投去肯定的目光，给她支持的力量。

下课后我问她："肚子还疼吗？"小易说："上课的时候疼了一会儿，我忍了忍，就不疼了。"我为她竖起大拇指，并表扬她："幸好今天有小易为小绿植浇水，它今后才能长得更好。"当然，跟学生交流一两次是不会有太大效果的，需要经常观察、时常提醒他们。后来连续几天早上看到小易进教室，我都会说："小易，见到你我真高兴！"

当学生出现错误时，与其自责、埋怨、焦虑，不如把错误当作让学生学习成长的好机会。收拾好心情，鼓起勇气，承担责任，找到改进的措施，不断学习和成长，这才是解决问题的关键。看到学生的每一点进步，我都会及时地表扬。通过奖励星星卡、写表扬信、评选每周之星等方式，引导学生将行动内化于心，激励学生越来越优秀，越来越自信。

善于挖掘学困生的闪光点

俗话说，尺有所短，寸有所长。每个人都有优点，也有缺点。美国总统林肯也说，人人都喜欢受人称赞。但是回想一下，对于那些学困生，我们给了他们多少鼓励呢？班主任要善于发现学生的长处，充分肯定他们，帮助其重新找回自我，发现自己的价值。

班里的小寻同学课堂上活泼好动，注意力不集中，掌握知识较慢。我想他如果能好好练习，口算能力会有很大的提高。于是，我鼓励他在课堂上认真练习，也让家长督促他每天回家坚持练习口算。果然，两个星期后，小寻同学的口算速度提高了。我让他当小老师，提问其他同学口算。他认真的样子很可爱，那一刻我看到了他的认真和专注。

我还让小寻每天检查其他同学的口算，检查得认真还会表扬他。得到表扬的他越来越有干劲儿，每天回家都会主动练习，最终光荣地获得了"口算小达人"称号。

在帮助学生建立自信的基础上，我们也要帮助他们改掉不好的习惯，时刻为他们助力，帮助他们战胜困难。

体验式活动促成长

体验式教学是一种让学生通过亲身参与、实践、体验等活动方式来达到学习目标的教学方法。这种教学方法可以激发学生的学习兴趣和动力，提高他们的学习效率，让他们有成就感。比如，让学生在班级拔河比赛中感受团结的力量；母亲节为妈妈送祝福、做礼物，表达感恩；在"我是小小交通指挥员"活动中，学做遵守交通规则的好市民；向游客发放"文明伴我游"的宣传材料，提醒他们不仅要文明出游，也要将这一理念传递给更多的人。

有这样一句话让我印象深刻："告诉我，我会忘记；展示给我看，我会记得；让我参与，我会彻底明白。"体验式活动能够满足学生"参与"的学习需求。通过亲身参与和实践，学生能够更加深刻地理解和掌握教育意义，培养实践能力和创新意识，提高综合素质。一次次的体验活动使学生更加阳光，班风也会越来越积极向上。

"随风潜入夜，润物细无声。"班主任既要教学生知识，也要引导学生做人。在班级管理中，班主任要在充分发挥主导作用的同时，多给学生一些关爱，让他们健康自信；多给学生一些机会，让他们自己探索；多给学生一些鼓励，让他们不断成长！

小鞋带，大成长

杨萌萌

"小林，赶紧跑，跟上队伍，不要掉队。"我跟在班级队伍后面一边跑一边用尽全力地喊着。小林抬起头望向我，用手指了指他的鞋，示意他的鞋带开了。我看了看他，不禁皱了皱眉，这是他第三次出来系鞋带了。还没跑完一圈又有几个学生加入"系鞋带大军"。

我不禁纳闷儿：跑操前明明提醒了学生检查鞋带是否系紧，为什么还有这么多学生在半途出来系鞋带？这些小家伙一定是想偷懒，逃避跑操。我决定在接下来的几圈中暗暗观察他们。结果我发现，出来系鞋带的学生有的鞋带全开了，有的鞋带半松开，还有的发现鞋带开了，为了不掉队，就以迅雷不及掩耳之势把鞋带直接塞进鞋里。

跑操结束后，我叫住了小林，拍着他的肩膀问道："你跑操的时候为什么总是出来系鞋带？跑操前没检查吗？"他难为情地说："老师，我不会系。"说完，他便一溜烟地跑进了队伍。听了他的回答，我有点震惊，一个四年级的学生竟然不会系鞋带！半途出来系鞋带的学生不会也和小林是同样的情况吧？

于是，我决定利用午自习做一次"系鞋带大调查"。通过调查我发现，全班40名学生，仅有9名学生会系鞋带；21名学生选择的鞋子要么是粘贴式，要么是纽扣式，穿起来方便；4名学生是早晨家长帮着系好了鞋带的；还有6名学生干脆把鞋带系成死结，这样一劳永逸。

调查结果让我深感意外，也引发了我对教育现状的一些思考。在这个快节奏的时代，学生的生活似乎越来越便捷，但同时也失去了一些学习基本生活技能的机会。我意识到，作为教育者，我们不仅要传授知识，更应当注重培养学生的生活自理能力和独立精神。于是，我决定将"系鞋带"这一看似微不足道的小事，转化为一堂生动的生活技能课。

第二天，我利用下午的托管时间，请几位学生分享他们学系鞋带的经历。有的学生兴奋地描述父母手把手地教他们系鞋带的温馨场景，有的学生则害羞地承认自己也是最近才学会的。班里气氛逐渐变得轻松而愉快。

随后，我拿起准备好的鞋带，一步步地演示最基础的"兔子耳朵"系法，同时播放视频教程，确保每位学生都能清晰地看到每一个细节。我对学生们说，系鞋带虽然看似简单，却体现着对细节的关注和自我管理的重要性。我鼓励大家无论是学习还是生活中，都要像系鞋带一样，认真对待每一个小细节，因为它们是通往成功的基石。

演示结束后，我邀请了几位学生上台尝试，其中包括小林。在大家的鼓励和帮助下，小林小心翼翼地按照步骤操作，虽然起初显得有些笨拙，但几次尝试后，他终于成功地系好了自己的鞋带，脸上洋溢着难以言喻的喜悦。其他学生也纷纷动手实践。教室里同学们相互帮助，一片欢声笑语。

最后，我和学生们约定好一周后每个小组选出一名学生参加"班级系鞋带小达人"大比拼。学生们一听，个个儿自信满满，都想为自己的小组争光。在这一周的时间里，学生们都在家里紧锣密鼓地练习。

一天，我收到小林妈妈发来的一条消息："杨老师，孩子这两天回到家写完作业就开始练习系鞋带，以前系鞋带对他来说好像是巨大的难题，我一直也没教会他，还是老师有办法呀，谢谢您。"看到小林妈妈的消息，我心中涌起一股暖流，同时也更加坚定了我的教育信念。我回复道："小林妈妈，您太客气了。其实，每个孩子都有他们的潜力，只是需要我们用心发现和引导。系鞋带虽然是小事，但它让孩子们认识到自我管理的重要性。"

转眼间，到了"班级系鞋带小达人"大比拼的日子。各小组的代表精神抖擞，跃跃欲试。随着我一声令下，比赛正式开始。学生们或快或慢，但每个人都专注而认真地系着鞋带，有的采用"兔耳朵"法，有的采用"虎口对拉"法。细长的鞋带在学生们灵活的手指间来回飞舞。在一个个"蝴蝶结"系好的瞬间，他们内心充满了成就感。

小林作为他们组的代表，显得格外紧张和兴奋。他深吸一口气，开始按照我教的方法，一步一步地操作起来。虽然他的速度不是最快的，但每一步都是那么坚定和自信。最终，在大家的掌声中，小林成功完成了比赛。虽然他的名次并不靠前，但他脸上的笑容是最灿烂的。

比赛结束后，我宣布了获奖名单，并给每位参赛的学生都颁发了小奖品，以表彰他们的努力和进步。

为了巩固这一学习成果，并将其融入学生的日常生活中，之后我们在班级活动中又增设了许多与生活技能相关的比赛项目，比如"叠衣服大赛""整理书包挑战赛"，让学生在趣味中学习和掌握更多实用的生活技能。

让我感动的是，一些学习困难的学生，在生活技能的学习过程中找到了自信。他们发现，即使在学习上暂时落后，但在掌握生活技能方面，自己可以做得很好。这种积极的心理暗示让他们在学习上也变得更加主动。

同时，我也意识到家校合作的重要性。我通过家长会向家长们强调了培养学生生活自理能力的重要性，并分享了这次系鞋带活动的成功经验。我鼓励家长们在家中也创造机会，让学生参与家务劳动，如扫地、擦桌子、整理房间，让学生在实践中体验成长的快乐。家长们纷纷响应，有的开始记录孩子每天的"家务小成就"，有的则在家中设立了"家务小能手"奖励机制。学生增强了自信，积极性也得到了极大的提高。

作为教育工作者，我们不仅要关注学生的学业成绩，更要重视他们生活技能的培养。因为这些看似微不足道的技能，是他们未来独立生活、适应社会的重要基石。而我们的责任就是引导他们，让他们在成长的道路上每一步都走得更加坚实、自信。

"美丽教室"让班级建设有"馨"意

董丽妮

教室作为班级建设的文化主阵地，在班级文化育人方面发挥着不可替代的作用，作为班主任，我有义务让学生喜欢教室、热爱班级。因此在班级建设中，我从"馨"字出发，努力把班级打造成学生温馨的家。

那么，怎样打造温馨的班级环境呢？我从班级文化建设的角度出发，把教室划分为喜闻乐见环境区、逗趣文化区、享受战果区三个板块。

走进喜闻乐见环境区，几个大字映入眼帘：一个主题、两个亮点。

这一个主题也是我们班的班级文化理念，即"时时处处文养人，处处时时随学文"，主要秉承童心童趣的宗旨，以低年级学生的年龄特点为依据，创建适合儿童发展的氛围空间。

下了课，班里的学生有的喜欢在自己的座位上看书，不爱看书的学生不能让他们无所事事。为此，我在班里的后黑板上专门划出一块区域，作为学生的实践活动照片及感悟展示区。下课后，学生们三五成群地讨论谁的作品好，交流实践活动中的乐事与收获。这样一来，原本下了课追逐打闹的学生也能参与进来，减少了课间活动的不安全因素，加深了学生之间的友谊。

另外，我设置了室外展示吧，用色彩鲜艳的装饰品将展示吧进行精心布置，展示学生的作品，比如，把学生在美术课或手工社团所做的作品陈列在这里，有用太空泥捏的海洋生物、沙瓶画以及用废品做的"我的小卧室"……同时在特殊的节日，在这里展示学生制作的贺卡等，形式多样地表达学生对老师的祝福、对节日的喜爱。

家长们也行动起来，为班级购买了绿植和适合学生的课外读物，使展示吧既是游乐区又是阅读区。这方小小的天地更加充满生机，成了学生边学边玩、最放松的地方。

喜闻乐见环境区设置了触摸区。我在黑板角落粘贴了两张地形图：一张世界地形图、一张中国地形图。要认识世界，首先从了解中国地形开始。学生们摸摸这儿，摸摸那儿，有时会绘声绘色地讨论某个地形，气氛很热烈。虽然学生现在还小，对地理知识比较陌生，但是我相信他们内心那颗学习地理知识的种子已经开始萌芽了。

接下来是爱心区。班级门后放置了爱心伞，给下雨时没有带伞的学生提供方便。学生在充满关怀与爱心的环境中成长，心智更加健全，从而形成向上的合力。

室内的宣传展板上张贴着学生的四格创意画以及班级公约。我和学生一同约定本学期习惯养成的重点内容，方便学生时时关注。

还有古香古色的古诗区。班级是文化与知识的宣传阵地，我虽为数学老师，但也要顾及学生其他学科知识的积累。在班里张贴古诗可以方便学生加强日常积累，逐步丰富他们的知识储备，提升他们的文化修养。

逗趣文化区是学生共同智慧的结晶，充满了欢乐的回忆。

逗趣文化区展示了我们的班名"和正班"。在起班名时还有一个小插曲。我让班里每个人都开动脑筋。大家起的班名五花八门，有"向日葵班""豆豆班"等。我觉得这些名字有些幼稚，于是对学生说："你们都是小学生了，要起一个能体现我们班精气神的名字。"大家又想到了"阳光班""彩虹班"等。最终，泽雨同学的"和正班"得到了大家的一致赞成，大家觉得这两个字能更好地体现我们班团结向上的风气。其中"和"字寓意家校合力，实现共育；"正"字寓意正气，家长和老师一起营造充满正能量的成长氛围，对学生形成潜移默化的影响。

同时，逗趣文化区展示了我们的班级目标：每天进步一点点。每个人都要和之前的自己比一比，是不是纪律比之前好，学习比之前认真？逗趣文化区还展示了我们的班级口号：只要坚持，就能成功。任何成功的取得都不是一蹴而就的，学生每天坚持学习，才能不断取得进步。

有了口号和目标，学生在老师的指导下制定了班风、学风、班训。班风：团结、正气。学风：我学得很慢，但我不后退。班训：打起精神，继续努力！一个班级没有好的风气，就不能健康地发展。作为班主任，我们要培养学生的精气神，让他们树立向上的信念。

最后是学生引以为傲的享受战果区。这里有学生们洒下的汗水，有我们一起参与活动的掠影，满满的回忆，满满的骄傲。一张张照片记录了学生参加的各项班级活动、学校活动，记录了他们的进步和成长。

在举行朗诵活动时，学生自编队形，教师稍加指导，准备表演道具，让第一次参加集体比赛的他们得到了锻炼。在举行亲子运动会时，家长们准备了上场道具，学生们在主席台前活泼的表演获得了全场的好评。在"'植'此青绿，'浇'个朋友"植树活动中，学生不但获得了植树的快乐，更体会到自己在这个班集体中的重要性。在我们班举办的"我是整理小能手"活动中，学生通过整理自己的书包、书桌、床铺等，养成了"自己的事情自己干"的习惯。

最终，我们班在学校"美丽教室"评选中获得了"五星班级"荣誉称号。班主任要充分发挥班级文化建设功能，提高学生的思想道德素质，净化学生的心灵，培养出身心健康、见识广博、乐观豁达、积极有为的好少年。

向校园欺凌说"不"

／ 徐鑫

在校园这个小型社会里，每个学生都是一个待放的花蕾，应享受成长的阳光和雨露。然而，阴影有时会悄然笼罩——校园欺凌便是这片阳光下的黑暗角落。

对于校园欺凌问题的思考，源于我读过的一则小故事：

一个老实巴交的学生，在学校里被同学打了，他没忍住把同学打趴下了。老师呵斥道："他打你是不对，但是还手就是你的不对了，把家长叫来。"学生的父亲来到学校之后，知道了前因后果，一巴掌甩在老师脸上。老师反击，又被父亲打翻在地。当时整个办公室的人都在劝架。学生的父亲对老师说："我打你，你为什么要还手？"

这只是一个故事，生活中很少有这么偏激的父亲，我们应重点思考故事反映出的教育问题。"他打你是不对，但是还手就是你的不对了。""他打你了，你也打他了，你俩有什么区别呢？"这些话耳熟吗？老师们是否这样处理过类似的学生矛盾？

这些话我也说过。刚开始当班主任时，我会对被打的学生说："别打人，打人解决不了问题，有什么问题找老师，老师帮你解决。"但是，作为一个成年人，如果我被别人打了耳光，我能做到不还手而先报警吗？我做不到。成年人都做不到的事情，要求孩子做到，是不是有点太强人所难？老师们之所以会这样处理，可能是因为这样显得比较公平。

而且，换一个角度，不还手、找老师来处理这样的教育内容，可能只有那些听话的学生才听得进去吧。生活中，这些学生往往是被欺负者。真正敢欺负别人的学生，他会因为老师的几句话就有很大的改变吗？

面对校园欺凌这一教育顽疾,我深感责任重大且必须有所行动。

首先,我认为应该让学生知道,到底什么叫校园欺凌。有的学生经常被欺负而不自知;也有很多学生经常把校园欺凌挂在嘴边,导致有的学生给所有与其他同学之间的正常小摩擦都扣上了校园欺凌的帽子,这样班主任处理起来也会很被动。所以,让学生了解什么是校园欺凌很重要。我曾经联合道德与法治老师,一起给学生上过一节有关校园欺凌的主题班会,让学生了解校园欺凌"以多欺少""以大欺小""以强欺弱"等特点,这对校园欺凌起到了很好的预防作用。

其次,校园欺凌应该从预防着手,把工作做在前面。校园欺凌类型很多,并不是只有打人才是欺凌。我处理过一起班内女生的矛盾:曾经关系很好的四个人,因为一点小摩擦,关系破裂,其中三人依然是好朋友,但是她们都不和第四个女生玩。其实这三个女生本没有恶意,但是这一行为给第四个女生带来了很大的心理压力。好在第四个女生和我比较亲近,及时向我求助。在经过了长时间的谈话和家校合作后,四个女生重归于好。虽然现在她们已经毕业多年,但依然是好朋友。在这个案例中,好在我及时察觉女生的情绪变化,及时干预,才没有对这个女生的心理产生负面影响。

最后,对于已经发生的校园欺凌,一定要严肃处理,绝不姑息。个别校园欺凌案例提醒我们,作为教育工作者,必须承担起保护学生的责任。只有采取全面的措施,才能真正实现校园的和谐与安全,让每个学生都能在没有恐惧的环境中成长。消除校园欺凌,需要我们每位教育工作者的努力,需要家校合作,更需要社会各界的关注与支持。让我们共同携手,为学生营造一个安全、健康、充满爱的教育环境。

消除校园欺凌是一个长期而复杂的过程,它需要所有教育工作者的共同努力和社会各界的支持。作为班主任,我不仅要具备教育工作者的情怀,更要有恒心与决心,持续地关注、预防与干预校园欺凌,让学生在安全、和谐的环境中自由成长,用我们的智慧和爱心为学生筑起成长的护城河,让阳光洒满每个学生的心田。

浅谈学生的归属感

/刘霞

社会性是人的本质属性，没有谁可以脱离集体而独立生存。对于学生来说，学校和班级是他们安放心灵的"家园"，没有谁不渴望被集体接纳、认可与尊重。同时，他们渴望回馈集体、奉献集体，这种质朴纯真的情感，是学生不断成长和发展的源泉，其深层原因是学生对集体有着强烈的归属感。

马斯洛认为：归属和爱的需求是人的重要心理需要，只有满足了这一需要，人们才有可能自我实现。

如果一个孩子走向你，天真无邪地对你说："我是一个孩子，我只想有归属感。"你会生气并羞辱这个孩子吗？当然不会！大多数成年人恰恰是没有认识到，一个行为不当的孩子在潜意识中是在说："我只是想有所归属，而我对如何获得归属感有一些错误的想法。"当然，这种信息是用密码说出来的。如果成年人学会了理解这个"不当行为的密码"，就能够对孩子有更多的帮助。

所以，帮助一个个渴望拥有归属感的学生有所归属，是班主任工作制胜的法宝。

老师要走进学生的心灵——知道学生需要什么

新学期开学已经一周了，但是敏感的小Z还是不适应小学生活，每天都用哭泣来宣泄内心的不安，并哭诉自己有多么的不舒服。我在办公室里静静地听着他哭泣，我知道，"积极的暂停"正在发生。过了一会儿，小Z的哭声小了，我过去拉着他的手说："小Z，我知道你怎么想的。你什么都不用说，听我和你分享一个老师的小秘密。老师上小学的时候，因为不想上学，每个周都会装肚子疼或者头疼，请半天假。老师和家长都不知道，他们以为我是真的病了。其实我是假装的。"我又故意特别亲切地推了推他："你是不是也是装的呀？"孩子挂着泪水笑了。

当一个老师和学生分享他的故事时，学生会感到非常亲切。我又跟他讲了我疲惫难受时偶尔会请假回去睡觉的事，他听后笑得更开心了。

这时候他也跟我敞开了心扉："老师，知识太简单了，我觉得很无聊。我觉得老师和同学们都不关注我，我很孤单。"

我相信他说的都是真的，现在可以对症下药了："你看看这篇文章，你能告诉老师文章中共有几句话吗？你已经知道了逗号、句号，但是你认识省略号、感叹号、问号、冒号吗？你知道对偶、比喻、拟人、排比、夸张、绝句、律诗等吗？"

"老师，我不知道。"

"你说老师不关注你，可是上课回答问题的时候，老师听到了你用乘法口诀来算题，还看到了你握笔姿势不对。我可关注你了，只是你不知道罢了。小朋友们每天在教室里努力学习知识，你本来脑袋里有一点知识，但如果不继续学习……"

我话没说完，他就接上了："那我脑袋里的知识也都流走了。"

随后，我和他约定每天午餐后我们都要分享一下彼此的秘密。他很开心地接受了我的建议。"嘘，悄悄地回座位，什么都不要说，安静地学知识去吧！"

爱哭的小Z面临的问题是缺少归属感，我的特别分享让他知道了老师对他的关爱，敏感、渴望拥有归属感的他因为有了老师的关爱，从此发生了质的变化，再也不哭闹着回家了，而且更加专心地学习。

培养学生的责任感——班级的事情是每个人的事情

魏书生老师在《班主任工作漫谈》中曾说，他们班的学生在班级里养鱼、种花，充满诗情画意。当有老师质疑鱼缸容易被调皮、捣蛋的孩子摔碎时，魏老师给出了不同的观点：正因为容易破碎，所以才要给学生创造这样的环境，让学生慢下来、轻下来。养花的、养鱼的、生炉子取暖的……教室里的每个角落都有专人负责，各司其职，共同协作。所以当魏老师外出开会几个周不回学校时，班里依然井井有条。

学生有无限的潜力，你给他们创造一个环境，他们可以还你一个惊喜。

学校每个周五放学后要进行卫生大检查，为了高效迎接检查，我们班的学生可以在课间十分钟的时间内完成全部卫生整理工作。崔校长倡导网格化管理、精细管理，所以每个学生都有自己的"一亩三分地"。同时，卫生组长监管、同桌监管、值日班长监管并存，在两年的班级活动中，学生已经养成了讲卫生的习惯。

我会在每周一次的班队会课中定期向学生反馈他们在学习、纪律、卫生等方面的进步和表现，帮助他们认识到自己在班级中的价值，从而增强归属感。

学生有了归属感，就会更加喜欢这个班集体。学生出现了问题，我们要在尊重他们的前提下引导他们解决问题。我们了解了就会理解，我们理解了才会尊重。只有真正尊重学生，他们才能做得更好，才会有归属感和价值感。

及时化解矛盾与冲突，让友爱与善良盈满心间

班级中难免会出现矛盾和冲突。积极有效地解决这些问题，可以减少摩擦，增强学生之间的团结和归属感。我提出了一句口号："学校的事情学校里解决。"鼓励学生将今天的不开心、不愉快，和同学之间的小冲突、小矛盾，自己身体上的意外伤害，如磕磕碰碰、抓伤摔倒这样的小事告诉老师。当有学生向我反馈这些事情的时候，我会在班会中热情地表扬他们，鼓励他们及时解决在学校遇到的问题。

有次拿加餐时，小明和小华看中了同一个苹果。因为这点小事，他们争执不休，谁也不肯让步，气氛一时之间变得有些紧张。

我并没有立刻责备他们，而是安抚两人的情绪，让他们先冷静下来。我温柔地对他们说："你们先别急，我们来一起想办法解决这个问题。"我先让他们分别陈述了自己的内心想法及感受。他们还是很激动，"明明是我先看好的""很生气"是他俩共同的观点。

是啊，低年级的学生往往以自我为中心，所以在与同伴相处时经常不理解他人的感受和需求。

我又引导两个学生互换角色，说说对方的感受。通过换位思考，小明和小华逐渐理解了对方的想法和感受。接着，我引导他们进行对话，鼓励他们

说出自己的想法和感受，同时也教给他们如何用和平、友好的方式来解决矛盾。很快，他们互相道歉、握手言和，决定以后遇到问题时要好好沟通，不再争吵。

学生之间产生小冲突，道个歉、握个手、抱一抱再笑一笑，矛盾就会烟消云散，但是如果老师不及时介入，可能就会由量变引发质变，再解决就会很麻烦。

我愿意用最大的善意接纳学生、理解家长，引导学生之间、家长之间团结友爱、互帮互助；同时教给学生情绪管理和人际交往技巧，帮助他们更好地融入集体，与他人建立良好的关系。利用正面行为支持系统，强化学生的积极行为，减少负面行为，营造更加和谐的班级氛围。

班主任是大家长，只有在班级中创造一个强有力的、支持性的环境，让每个学生找到自己的位置，感受到自己是班级大家庭的一部分，找到归属感，才能创造和谐有爱的班级氛围，让学生获得进步和成长。

点亮未来

/姜萌

学生在成长过程中需要得到支持和鼓励，因此，我会及时给予他们正面激励。我的教育对象是七八岁的孩子，他们天真烂漫、活泼好动，一言一行充满着童稚、童趣。低年级的学生对老师特别热情，经常会围着老师转，我也很喜欢在课后和他们聊天，问问他们在家能不能帮忙做家务，考考他们刚才读的课外书读懂了吗，告诉他们这几天进步了……也会跟他们说昨天写的字不太好看，今天给同学起外号不应该……在这种轻松的氛围下，把握好教育的时机，自然而然地对学生提出一些要求，收到的效果会更好。下面，我与大家分享小华和小明的成长故事，他们是众多学生的缩影。他们的成长和变化，让我更加坚信正面管教的力量。我相信，只要我们用爱心和耐心去引导学生，他们都能够找到属于自己的光芒，勇敢地照亮前行的路。

从"含羞草"到"课堂之星"

每个学生都是一本独特的书，等待我们去细心翻阅与解读。小华曾经是班里的"隐形"学生，她的转变是我心中最温暖的一章。

记得小华初来班上时，总是默默地坐在角落，仿佛教室里的隐形人。她的眼神总是闪烁着既渴望参与又害怕被关注的犹豫。在集体活动中，她常常是最后一名行动的学生，即使答案准备充分，也从不举手发言。她的害羞，像一道无形的屏障，将她与这个热闹的世界隔绝。作为老师，我深知强制小华跳出舒适区并非良策，这只会加剧她的焦虑。于是，我决定先从她感兴趣的话题入手，课下与她建立信任。我们聊她喜欢的绘画，聊她假期中的经历。渐渐地，她对我敞开了心扉，话也逐渐多了起来。

有了彼此间的信任做基础，我开始鼓励小华在课堂上发表自己的见解。最初，我让她在小组讨论中分享自己的想法，然后是在全班面前发言。每次她勇敢地举手发言，无论回答得怎么样，我都会给予她温暖的鼓励。慢慢地，她开始更加主动，举手的次数也越来越多。一次课堂上，我们讨论的是小华特别喜欢的主题——海洋生物。我注意到小华似乎对问题有所思考，但仍旧有些犹豫。我鼓励她尝试回答，她终于小声地说出了答案。虽然声音不大，但答案完全正确。我马上捕捉到这个机会，表扬她的勇气和思考的正确，同学们也报以热烈的掌声。这时，我看到小华眼中闪过一丝自豪和满足。"小华，你回答得非常好，海洋生物真是个很有意思的话题，你能再告诉我们一些有关鲸鱼的知识吗？"我鼓励她继续发言。小华犹豫了一下，然后鼓起勇气说："鲸鱼是世界上最大的动物，有须鲸、齿鲸等种类。"尽管只是简单的信息，但她的声音听起来更加坚定了。"太棒了！很好，小华。"我继续鼓励她："须鲸和齿鲸有什么不同呢？你愿意再详细解释一下吗？"我注意到小华的紧张逐渐被好奇和探索的乐趣所替代。小华点了点头，声音逐渐清晰："须鲸没有牙齿，主要吃浮游生物；而齿鲸则是通过牙齿捕捉鱼类和乌贼。"她的声音里充满了自信，让我感到无比欣慰。"非常出色，小华！你让我们都学到了很多。"我笑着结束这次交流，她的回答赢得了同学们更热烈的掌声。

后来有一天，小华的母亲来到学校，她的眼中带着泪光，交织着喜悦和感激。她告诉我，小华回家后分享了自己在学校的点点滴滴，说自己终于能够勇敢地在同学面前讲话了。对于她来说，这是一次多么大的跨越。

对我来说，小华的故事不仅仅是一个关于成长的故事，更是教育中温柔的一课。每个学生都有属于自己的节奏，而耐心和理解就是最好的教育。当我们为学生搭建起自信的阶梯，他们就能一步步走向光明。

教育不仅是知识的传授，更是心灵的触碰。那个曾经害羞的小华，如今已经成为班上活跃的一分子，她的故事将激励我继续前行，用更多的耐心和爱心去点亮更多学生的心灯。

从阴霾到阳光：小明的蜕变之旅

在一个阳光灿烂的秋日，小明揣着紧张和期待，走进了我的班级。他的眼神中闪烁着好奇的光芒，但随之而来的不安如同影子般难以摆脱。作为班主任，我深知每个学生都是一颗未经雕琢的宝石，需要用耐心与智慧去发掘他们内在的光彩。

小明的数学天赋藏得很深，如同被尘封的宝藏，偶尔展现出令人惊叹的闪光，但却经常被不稳定的成绩所掩盖。有次在课堂上，小明因为解不开一个复杂的数学题而垂头丧气，他叹息道："老师，我怎么老是学不好呢？"他的声音里满是无奈和沮丧，让我深深地感受到他内心的挣扎和自我怀疑。课堂上，小明常常因为一点小挫折而沮丧，甚至有时还会与同学发生无谓的争执。我明白，这些表象背后，是他对自我价值的怀疑和对失败的深深恐惧。我开始与他深入交流，在一个阳光明媚的午后，我在操场上遇到了小明。"小明，你觉得一棵树是怎样长大的呢？"我轻声问道。他皱着眉头，显然对这个问题感到困惑。"先是种子，然后慢慢长出根来。"他犹豫地回答。"没错，就像你学习一样，遇到困难不断探索时，就是在生根发芽。"我希望他能从不同的角度看待问题，理解生活中的起起落落。

为了激发小明内在的潜力，我鼓励他参加校内外的数学竞赛。在一次次挑战中，小明学会了如何在压力之下保持冷静，如何在困境中寻找破局之道。每当小明遇到难题，我总是提醒他："这不仅是一个问题，更是一次突破自我的机会。"慢慢地，小明开始享受在挑战中寻找解决方法的过程，他逐渐意识到，每一次的失败都是自我提升的契机。然而，仅有知识的积累并不足以让小明实现蜕变。我引导他回顾那些与同学发生争执的时刻，思考情绪管理的重要性，以及如何通过换位思考解决问题。

时间如白驹过隙，在我们的共同努力下，小明不仅在数学上取得了显著的进步，他的人际关系也有了质的飞跃。他学会了如何在团队中发挥领导力，如何用积极的态度影响周围的人。

终于，在一次数学竞赛中，小明凭借着出色的表现赢得了冠军。当他站在领奖台上时，那自信满满的笑容如同明媚的春光，驱散了所有阴霾。小明的故事，不仅是一个关于智力发展的故事，更是一个关于如何通过正面管教，激发内在潜能，从而实现个人蜕变的生动案例。

教育的真正意义在于激发学生向上的动力，让每个学生都能在正面管教的引导下，找到属于自己的光芒，照亮前行的路。小明的蜕变之旅，就是这一理念的最好诠释。

在干净、明亮的教室里，每个学生都是一颗闪耀的星星，他们充满活力，充满好奇，有很多学习和成长的机会。作为老师，我深知正面管教的力量，它不仅能够激发学生的潜能，还能够帮助他们建立自信，学会尊重和理解他人。

在我的课堂上，我鼓励学生相互支持、相互鼓励。当有学生遇到困难时，我会引导其他学生用积极的话语去安慰和帮助他。我告诉他们，每个人都有自己的优点和长处，每个人都可以成为别人的榜样。我让他们明白，每个人都有自己的节奏，不需要和别人比较，只需要和自己比较，只要今天比昨天进步了，那就是成功。

我还鼓励学生表达自己的情感和想法。当他们感到愤怒或者沮丧时，我会耐心地倾听他们的诉说，然后引导他们找到解决问题的方法。我告诉他们，情绪没有对错，重要的是如何处理这些情绪。我让他们明白，每个人都会遇到挫折，但是挫折并不是终点，而是另一个起点。

我还注重培养学生的社交技能。我组织各种团队活动，让他们在合作中学会沟通，学会解决问题。我告诉他们，每个人都有自己的观点和想法，尊重他人的观点和想法是建立良好人际关系的基础。

通过正面管教，我看到了学生的成长和变化。他们变得更加自信，更加乐观，更加懂得尊重和理解他人。他们不仅在学业上取得了进步，还提高了人际交往能力。

共筑班级精神

/王伟丽

去年九月份，我成为五年级2班的班主任。这个班级的学生如同初升的太阳，充满活力又纯真善良。然而，尽管每个人都有着独特的光芒，但作为一个集体，班级里似乎缺少了一种将大家紧密相连的力量——一份共同的信仰和追求，也就是我们所说的班级凝聚力。

要在新接的五年级班级中尽快形成凝聚力，不得不说是一种挑战。我深知，要使学生对班级产生深厚的感情并自愿为集体的荣誉付出努力，需要创造一个属于我们的精神象征——一条能够代表我们班级精神和文化的班训。这不仅仅是一句简单的口号，还应当是学生内心的共鸣，是对班级生活的美好期许，更是激励他们团结协作、不断进步的力量源泉。

为了实现这一目标，我计划召开主题班会，让每一位学生都参与班训的设计。反复修订计划方案后，我在主题班会的前一天，给学生公布了本次班会的主题——班训设计大赛，并宣读了相关规则。为了更好地促进交流与合作，我让学生们4人一组，共划分了10个小组，每个小组是一个创作的小集体。

听到每人都可参与并公平投票选择，学生瞬间被调动起了积极性，开始在小组里你一言我一语，摩拳擦掌地准备大干一场了。就这样，主题班会还没开始，班中便形成了小组合力，这是班级凝聚力形成的基础。

次日的班会课，我们按照以下流程进行。

首先，每个小组成员轮流发表自己的意见和建议，确保每个人都有机会表达自己的想法。由一位组员担任记录员，负责整理和记录大家的发言要点。记录员的任务是捕捉每个人的想法和创意，确保无一遗漏。同时，另一位组员作为绘画师，在白板或者草稿纸上绘制出大家提出的各种标志或符号的草图，直观的图像有助于小组成员更好地进行思考和选择。小组成员经过交流和讨论，最终集中智慧，形成几条班训候选词。

其次，每个小组选出一名代表向大家展示和解释他们组的班训设计。我们听到了"团结进取，共铸辉煌""诚实守信，勤学善思""创新自强，和谐发展"等多个富有内涵的班训候选词。每一条班训背后都承载着小组成员对班级未来的共同期待。

最后，通过全班投票，我们最终确定了将"同心协力，共创佳绩；诚实友善，共铸温暖"作为我们的班训。这短短的16个字，凝聚了学生的智慧和期望，也映射出我们班级的精神面貌。

自班训确立以来，我可以明显感觉到班级氛围的变化。学生在日常生活中更加团结，无论是学习还是参与学校活动时，大家都积极协作，努力为班级争取荣誉。班级的凝聚力显著增强，每个学生都为自己是五年级2班的一员感到骄傲。

学生共同设计班训，不仅增强了他们对班级的热爱和凝聚力，还让他们学会了如何通过团队合作来实现共同的目标，这份宝贵的经验将伴随他们在成长的道路上越走越远。

我要大声夸夸你

/宋祥玉

教育形式有很多种，选取一种合适的、得体的教育方式对学生的成长有很大的帮助。比如，皮格马利翁效应强调赞美对一个人的作用，如果你不停地夸奖一个人，他就会朝着你赞美的方向发展。在进行班级管理时，我也把赞美用在多个方面，比如增强后进生的自信、培养班干部。

赞美增强自信

在班级管理工作中，转化后进生一直是比较棘手的问题。后进生往往学习动力不足，与同学经常产生矛盾，他们大多缺少家庭教育。

我们班有一个叫浩浩的学生，他在学校十分调皮，学习成绩一般，与同学经常产生矛盾。对他的教育工作一直在进行，谈话、家访、集体活动，都收效甚微。

后来，我想我总是试图改变别人，为什么不改变一下自己的教育方式呢？于是我在班里开展了"我要大声夸夸你"的活动，师生互夸，学生互夸，无论你发现了谁的优点都可以在第二天早读的时候夸夸他。开始大家都只夸平时表现比较好的几个同学，后来我引导大家去关注所有同学。

有一次，浩浩在一节公开课上表现很突出，我趁机表扬了他。第二天早读的时候就有同学夸他，借着这个机会，我又表扬了夸他的同学。于是，浩浩身上的很多优点就被关注到了。他虽然动作慢，但他的桌洞收拾得还算整洁。他写的作文虽然语言幼稚，经常前言不搭后语，但他作文中的真情实感很打动人。浩浩被多次夸奖后，逐渐变得开朗起来，并且很愿意写作文、读书。只要浩浩有进步，我就会反馈给他的妈妈。孩子的变化引起了妈妈的变化，甚至引起了整个家庭的变化。

我想没有不犯错的学生，要允许学生犯错，也要找到学生的闪光点。学生一旦有进步，要及时向家长反馈，让家长看到老师的努力，争取形成家校统一战线。

赞美助力班干部培养

所有学生都需要赞美，班干部也不例外。赞美可以为班干部树立威信；赞美可以激励班干部承担责任，成为老师的得力助手。

四年级的时候，班级中队委换届，原来的中队长意外落选，他失落了一段时间。怎样让他继续发光发热、为班级服务，怎样为他树立威信呢？我打算多创造机会让他为班级服务，再多夸夸他。

他的优点是干活快、反应快，能灵活应对很多事情，就是急躁了点。于是班里一些跑腿的活，比如取《家长一封信》，送个回执，我就经常让他帮忙。他熟悉学校的大部分办公室；不熟悉的，给他指路，他也能记住。每次他完成任务，我都会夸他："速度真快！""竟然找到了！""干得比我想象的都要好！"就这样，经过多次夸奖，他重拾了自信，也有很多人愿意找他帮忙。后来，他被选为副班长。

成了副班长，他有了更强的责任心与担当，同学们对他更加信任，他也主动帮助老师做很多事情。在副班长这个位置上，他反而做得比以前当中队长时更好，他和中队长一男一女能够妥善管理和照顾班里所有男生和女生。尤其是我们上游泳课的时候，他更是发挥了巨大的作用。能有这样一个得力助手就是源于对他的赞扬。

在这个事例中，我通过正面反馈鼓励学生，同时，让他在持续的锻炼中掌握一些学习与工作方法。成为副班长，他的职务虽然降了，但他在同学们心目中的威望却更高了，他干活也更有动力了，这些都源于对他的鼓励与赞美。

综上，我们可以看到，适时的赞美可以强化学生的积极行为，增强他们的自信。通过赞美，我们师生都尝到了甜头，学生有进步了，老师有助手了，师生关系更和谐了，何乐而不为呢？

眼神的魔力

/王帅

作为班主任，我们要努力寻找合适的管理班级的方法，为学生创造宁静、和谐的学习环境，让他们不断获得成长。

不知道老师们有没有遇到过下面的情景：早读时当你进到教室之后，看到班里的学生没有认真读书，反而在那里三五成群，要么窃窃私语，要么热烈地玩游戏，要么坐在那里发呆。于是，你让学生全体起立，接着是一顿劈头盖脸的严厉批评。结果事与愿违，不但没有起到教育学生的作用，反而让自己元气大伤。老师们有没有想过，如果这时我们尝试用眼神与学生交流，效果可能会更好呢？

"死亡凝视"的眼神

一次语文早读，我像往常一样早早来到教室。还没等走到教室，就听见教室里传出来的不是琅琅的读书声，而是嬉笑打闹的声音。刚想发怒的我，稳定了一下情绪，静静地走进了教室。学生们看到我，以迅雷不及掩耳之势回到了自己的座位，教室里顿时安静了下来。我什么也没说，静静地巡视教室里的每一个角落。

每走到一个学生的座位旁，学生就抬起头怯生生地看着我，然后我拿出"死亡凝视"的眼神望着他。这时，学生往往会红着脸低下头，再也不敢抬头看我的眼睛，那些刚刚犯错严重的学生尤其如此。我想，这个时候我的教育一定是无声胜有声的。我不出声音的严厉凝视，一定比我浮于表面简单地吼几声更有效果。自此，整个早读，再也不用我多说一句话，学生都在认真地读书。

"死亡凝视"的眼神不但可以用于管理早读，还可以用在平时比较调皮、不太听话的学生身上。

我们班有一位学生叫小雨，这个孩子特别聪明，学习成绩还可以，唯独管不住自己，除了在我的语文课上不敢捣乱之外，在其他的课上要么大呼小叫，要么窃窃私语，让老师们很头疼。

刚开始的时候，我总是会把他叫到办公室或者把他带到教室最前面，对他大喊大叫："怎么回事，别人都能乖乖地坐在那里，你屁股下面长刺了吗？"说过他之后，第二天他还会再犯，而且更加肆无忌惮。我发现之前的管理方式对他来说不起任何作用，所以我打算改变措施。

有一次我走进教室后，看到他又在捣乱，但是这次我没有说他，而是瞪了他几眼，令我惊奇的是他马上停了下来，老老实实地回到座位上坐好。从那以后，每当看见他调皮的时候，我就会瞪他几眼。长此以往，我发现这个学生的行为有了很大的改变，不再那么调皮了。

热切的眼神

在班级管理中，除了要给学生"死亡凝视"的眼神外，更多的是要给学生热切的眼神，以此鼓励学生勇敢向前。

新学期又开始了，班里照常要进行班干部的选拔。前期，我们已经做了许多准备工作，想要参加本学期班干部竞选的学生也已经提前报了名。我们将利用班会课进行班干部竞选。

首先上台的是小宋同学，他是上一学年的班长，只见他自信大方地走上讲台，发表自己的竞职演说，同学们都向他投去敬佩的目光。接着上来的是小然同学，这次他要竞选副班长。小然同学虽没有小宋同学那么自信，但他显然也准备得很充分，流利地完成了自己的竞职演说，然后信心百倍地走下讲台。

就在这时，我发现坐在教室第二排的小芮同学憋红了脸，手里拿着一份稿子，紧张的双手快把那份稿子搓破了。我回想，小芮同学并没有事先报名参加班干部竞选。于是，我悄悄地走到她身边，确认她手里的那份稿子是一份竞职演说稿后，我向她投去热切和鼓励的眼神。她胆怯地看着我，仿佛在说："我能行吗？"我拍了拍她的肩膀，给了她一个坚定的眼神。

接着，我走到教室前面，对大家说："同学们，有一位前期没有报名的同学也想参加今天的班干部竞选，我们也让她来试一试。"同学们四下张望，只见小芮同学更紧张了。我再一次向她投去热切的眼神，那眼神仿佛在告诉她："没关系，大胆一些，你肯定能行！"

在我热切眼神的注视下，她调整了一下，大步走上了讲台，在同学们的注视下，完成了竞职演说。同学们把最热烈的掌声送给了她。在下台前，她微笑着望向我，无论结果如何，她都战胜了自己。

其实，在日常的学习生活中，有很多像小芮这样胆小的学生，他们有一定的能力，只是缺乏自信心。这时，老师一个热切的眼神，会给他们带来无穷的动力，促使他们勇敢地挑战自我、完善自我。

关爱的眼神

对于小学生来说，他们在学校里经常会遇到一些困难，这时，他们需要的是老师关爱的眼神。

我们班有一个后进生叫小西。他平时各学科的考试成绩基本都是个位数。不是因为他有多笨，只是因为他从小养成了懒惰的坏习惯，家庭教育有所缺失。所以无论在哪节课上，他总是默默地坐在那里玩。

有一天，我发现小西在我的课堂上异常老实，竟然手里没玩东西，而是趴在课桌上。我想：他这是突然开窍了？想要慢慢改正坏习惯好好学习了？经过几分钟的观察，我发现他额头上微微渗出了细细的汗珠，脸蛋发红，脸上表现出痛苦的表情。我想他一定是生病了。

我连忙暂停讲课，走到他身边问："小西，你哪里不舒服？用不用陪你去医务室？"他看着我说："王老师，我肚子疼，而且感觉有些发烧。"我连忙找来其他老师看班，并带他到医务室。医务室大夫初步诊断，小西有可能患了肠炎。我第一时间联系了他的妈妈，但是由于他妈妈的工作单位离学校较远，还需要等待一段时间。

在这段时间里，我一直陪着小西，给了他关爱的眼神，给他倒水喝，给他敷退热贴，并且对他说："没关系，小西，就是一个普通的肠炎，多喝水，回家吃点药就会好的。"他抬头望望我，眼泪大滴大滴地流了下来。直到妈妈来接他，我送他到校门口，他还不忘转身看看我，我想那个关爱的眼神一定带给了他温暖。

后来的小西，像变了个人，在我的课堂上不再玩东西，而是认真地听讲，有时甚至能积极举手回答问题。虽然小西的学习已经耽误了许多年，想在短时间内提高很难，但是我想只要他能坚持下去，一定会有进步的。

我在想，小西之所有会有这样的转变，离不开我那天充满关爱的眼神，老师的一个眼神就可能改变一个学生，这是多么有魔力的眼神啊。

作为班主任，我们应该做生活中的有心人，留意学生在学校发生的点滴小事，同时用自己的智慧去解决问题。有时候对于学生来说，一个别样的眼神或许比大喊大叫更有效果。

用心守护，共同成长

/杨萌萌

班主任工作确实是一项既复杂又充满挑战的工作，它涉及学生的学习、心理、品德等多个方面。在忙碌的教育教学中，班主任要想做到有的放矢、游刃有余，并实现学生的快乐、健康成长，确实不能单靠热情，更需要策略和方法。

以身作则，树立榜样

著名教育家陶行知先生曾深刻指出："学高为师，身正为范。"这句话深刻地揭示了教师言行对学生成长的深远影响。为了有效规范学生的行为，班主任作为班级的引领者，首要任务是自我规范、以身作则。在要求学生做到某事之前，班主任必须自己先做到，要言行一致。

一年级的小学生，年幼懵懂，习惯于接受关爱，却尚未学会如何回馈与付出，更不擅长日常的卫生打扫工作。面对这样的现状，我从他们入学的第一天起，便坚持与他们一同值日，手把手地教他们如何正确地打扫卫生，告诉他们怎么拿扫帚、怎么扫地、怎么拖地、小组成员如何合作打扫等。在我的耐心引导下，值日工作的效率与质量逐渐得到了提升。平时，我时刻关注教室的卫生状况，一旦发现不足之处，便立即动手进行整改。比如，看到地上有废纸，我会毫不犹豫地弯腰捡起；看到桌椅摆放杂乱无章，我也会主动上前，将它们一一归置整齐。我的这些细微举动，在潜移默化中影响了学生，使他们逐渐养成了良好的卫生习惯。随着时间的推移，学生开始自觉地维护教室的整洁，形成了积极向上的班级氛围。

前几年刚接手一个新的班级时，我发现广播体操对他们来说是一个巨大的挑战。有的学生因为肢体协调性不足而略显笨拙，有的学生则因为害羞而不敢迈出尝试的步伐。为了尽快帮助学生掌握广播体操，我反复练习广播体操，确保每一个动作都准确无误。每天做广播体操时，我都会站在队伍的最前方，以标准且有力的动作为学生进行示范，为他们树立榜样。当我全身心地投入其中时，学生也被我的热情所感染，逐渐被吸引并开始认真地学习起来。在一次校级广播体操比赛中，我们班取得了可喜的成绩。

无论是在课上还是在课下，教师的一举一动都会成为学生模仿的对象，因此，教师需要时刻注意自己的行为，用自己的实际行动去影响和感染学生，帮助他们树立正确的价值观和人生观。

教师通过言传身教，让学生从日常生活中的点滴小事中学到做人的道理和处世的智慧，这是最为直接且有效的教育方法。

各司其职，让班级人人有事做

在班级管理工作中，只有让学生深切感受到自己是班级中不可或缺的一分子，是班级的小主人，才能在这个由几十人组成的团队中，最大限度地激发学生的主体作用，使班集体焕发生机与活力，进而提升学生的课堂学习效率，使班集体展现出强大的凝聚力。

开学初，我会根据班级内的各项具体事务设置多个小岗位，比如黑板美容师、讲桌魔法师、护眼小卫士、护花小使者，然后要求每一位学生根据自己的特点和喜好，竞选他们理想的工作岗位。通过这种方式，每个岗位都实现了具体到人的管理，无论是班级的墙壁、门窗，还是作业、图书角，都有专人负责。这样一来，每个学生既是管理者又是被管理者，他们共同为班级贡献着自己的力量。

为了增强学生的竞争意识和自律能力，我会鼓励学生给自己的小组起响亮的名字并积极参与竞赛，这种竞赛不仅涉及个人，更强调团队之间的协作与较量。每天，我都会对各个小组的表现进行细致的点评，每个小组会根据点评进行整改；而每周结束时，我会进行全面的总结。表现最为出色的小组将被授予"优胜小组"荣誉称号，并有机会参与抽奖活动，享受额外的奖励。同时，每组中得分最高的学生将被评选为"每周之星"，他们的照片将有机会被展示在教室外的电子班牌上，成为众人瞩目的焦点。

通过这种方式，每个学生都能在班级中找到自己的位置，成为班级的小主人。他们不仅学会了如何履行自己的职责，还学会了如何与他人协作，共同推动班级的和谐发展。

培养好习惯，快乐助成长

有位教育家曾说，教育就是要养成良好的习惯。好习惯的养成终身受益。我既是一名班主任，也是一名语文老师，所以，我特别注重学生阅读习惯的养成。

我们班的学生大多是外来务工人员的子女，父母的文化水平不高，而且大多忙于工作，无暇顾及孩子的学习，更别说每天留出固定时间和孩子一起阅读了，所以很多孩子没有养成良好的阅读习惯，孩子的阅读量及阅读面远远没有达到现阶段应有的水平。于是我从学校图书馆挑选了一些适合学生并且学生也感兴趣的书籍，每天中午拿出半小时和学生一起阅读。一段时间后，有的学生到了下课时间还沉浸在阅读中，有的学生下课会主动与我交流读书心得，还有的学生跑过来跟我说，自己没看完，想要把书带回家。看到学生对阅读如此热爱，我打心底里为他们感到高兴。虽然是短暂的30分钟，但对于学生来说，却可能是一段非常宝贵的时光。在这段时间里，他们不仅能够接触到更多的知识，还能够感受到阅读的乐趣和魅力。每个学期我们班都会开展"共读一本书"活动，大大地激发了学生的阅读热情。

在学生良好习惯的培养过程中，班主任绝不能凭借一时的热情和冲动，简单地说几句话就草草了事，而是要持之以恒地采取行动，并贯彻到日常教育工作的每一个细节中，以确保学生能够在潜移默化中养成良好的习惯。

班级管理是一项需要长期投入并不懈努力的工作，在未来的教育实践中，我将持续致力于班级管理工作的精进与提升，采用更加科学、高效的管理策略和手段，不断优化班级管理的质量与效率，为学生打造一个更加和谐、积极、向上的学习和生活环境，助力他们全面成长。

红笔的"魔力"
——关于"小红星"
王伟丽

　　育人是一门精深广博的学问，老师的一言一行会对学生产生潜移默化的影响。心理学家班杜拉的社会学习理论强调，孩子通过观察和模仿来学习行为。因此，希望学生成长为怎样的人，老师就应该呈现出怎样的品质。为了培养学生的自信和情绪管理能力，老师应该多给予学生正向肯定和鼓励，并学会管理自己的情绪，以身作则，为学生树立榜样。

　　10月的第一个工作日，我踏着清晨的阳光和清脆的铃声，走向我今年新接的一年级班级的教室。这个班级有22个学生，他们有不同的家庭背景，有不同的性格和学习需求。我还没走到教室门口，就听见教室里一片嘈杂。来到教室门口，只见教室里的学生各自为政——打闹的、聊天的、清理桌面的、发作业的……此情此景，我作为班主任，说不恼火是假的。毕竟一个月来，我每天都在培养他们的课堂常规和良好习惯。

　　我深呼吸两次，默默地举起了手中的红笔——这是我给学生画"小红星"的重要道具。坐在教室前排眼尖的女生一下子就发现了，她立刻端正坐好，并悄悄地提醒同桌："王老师来了！"于是，教室里出现了"连锁效应"。在大家相互提醒甚至有一个男生喊了一声"王老师举红笔了！"之后，教室里迅速安静下来。学生们挺直腰板，整理好课本，进入上课状态。

　　我走到教室中央，微笑着跟大家说："同学们真是有双善于发现的眼睛，在看到王老师出现在教室门口的时候，能够迅速坐好并保持安静，所以给每位同学加上一颗小红星。我要特别表扬小瑶同学，不但自己坐好，还提醒了旁边的同学，再多加一颗小红星。"此时我看到学生们抑制不住笑容，眼睛亮晶晶地看着我。

"但是",我转折了一下,"王老师期待的课堂是铃声响起时,同学们就能尽快回到个人座位,铃声结束之后就应该是现在的样子。如果这节课之后,大家能够做到这一点,我们就集体加颗小红星;反之,则集体扣掉一颗小红星。而且,如果哪个小组能更快地进入上课状态,就会像今天的小瑶同学一样,额外获得奖励。我说明白了吗?"学生们齐声回答:"明白啦!"

接下来的几节课,我持续监督学生的课前准备和上课状态。并在看到他们的自律性提高之后,兑现奖励——加一颗或多颗小红星。就这样,学生很快就养成了课前做好准备的习惯。

这是一支小小的红笔带来的"魔力"。它远比我板下脸来强调纪律、找出典型、占用课堂时间说教5分钟的效果要好得多。为什么会产生这样的"魔力"呢?这得从开学初说起。

一年级新生课堂常规的管理,通常是所有一年级老师尤其是班主任最头疼的事情,有时怒发冲冠、大声吼喝也无济于事,偶尔失控的情绪会给一年级小学生造成负面影响。明白了这一点,我在接手一年级新班之后,首先提醒自己做好情绪管理,用正向的、有积极作用的方法鼓励学生、约束学生,帮助他们逐步树立规则意识。于是,我在班内公布了一种长期有效的奖励方式——在数学书上画小红星。

很简单,就是根据学生的表现在数学书的空白处画小红星。比如,学生写字姿势标准、课上认真听讲、表达清楚完整、及时交作业就可以获得小红星。学生每月或每学期可以拿着积累的小红星兑换奖励,奖品为卡通小橡皮、精致便利贴、棒棒糖等。这种奖励方法激发了学生的兴趣,并且有明显的效果。以致后来每当学生看到我举起红笔时,就会迅速地审视或调整自己。

这种方法被学生接受之后就可以延伸到其他方面,逐步帮助学生养成良好的习惯。正如教育学家杜威所说,教育是一种社会过程,而教育的目标是促进个体与社会的成长。通过采取以上措施,我们不仅培养了学生的良好习惯,也促进了他们社会性的发展。

总之,通过以上的教学实践,我们可以看到,教育不仅在于知识的传授,更在于通过日常行为的规范和激励,引导学生成为更好的自己。这正如苏霍姆林斯基所说："教育是让每个孩子都体验到成功的喜悦。"通过这种方式，我们不仅塑造了学生的品行，也为他们的未来奠定了坚实的基础。

　　另外，我还深刻体会到教师的工作需要耐心和毅力。尽管面对的是一群活泼好动的孩子，但通过坚持不懈地努力，我们能够逐步引导他们养成良好的行为习惯，帮助他们健康成长。

小小班规意义大

宋祥玉

班级规则的养成是一个重要的教育过程，它不仅有助于维护课堂秩序，还能培养学生的责任感和自律能力，是培养学生良好行为习惯和社交能力的重要环节，如何制定班规、怎样执行班规、怎样在教学行为中强化班规都是班主任在管理班级时应当重视的问题。

头脑风暴制定班规

让学生参与班规的制定过程，可以增强他们对规则的认同感和遵守规则的意愿。可以采用班会或小组讨论的形式，让学生提出他们认为重要的班规，并讨论其合理性。

无规矩不成方圆，学生刚入校，树立规则意识很重要。所以一年级时我与学生一起制定班级公约——一份完全发自学生之心、出自学生之手的班级公约。

我们采用头脑风暴的方式制定班级公约，比如，在维持班级纪律方面，我先让学生想可以从哪些方面制定公约让学生不在走廊内跑跳：有的学生说，设置一个文明小导师，在走廊内监督；有的学生说，跑跳就扣积分，发现一次扣10分；还有的学生说，跑跳就罚站。我看到学生说的都是如何惩罚，我就适时地引导他们："做得好的同学也要奖励呀。"大家立刻又各抒己见：有的学生说，能自觉站队回班的奖励加分。有的学生说，本来就应该站队回班，为什么要加分呢？还有的学生说，能坚持3天不跑跳的奖励5分，坚持1周不跑跳的奖励10分……在这样热烈的氛围中，我们大概用了一节课的时间制定了维持班级秩序的相关规则。因为是第一次，时间有点长，但有了这一次的经验，下次再制定有关班级卫生、学习、生活等各方面的规则就简单多了。学生熟悉了制定班规的程序，知道如何在众多意见中分析比较得出合理的意见，怎样采纳意见，怎样执行。

班风是一种无言的教育，它在潜移默化中影响着学生，良好的班风为学生的成长提供强大的动力。制定班规后严格执行，遇到问题时常常拿出规则复习，才能让学生逐步形成规则意识，才能让以后的班级管理慢慢踏上正轨。另外，学生参与制定班规，会更有动力自觉遵守。

执行班规有温度

班规一旦制定就要公平、一致地执行，违反规则就要进行相应的反馈和惩罚。但也要考虑到他们只是小学生，还是个孩子，惩罚时不能过于严厉，要严慈相济。

一次，班内出现了丢失积分卡的事情，我在班内调查了很久都没有收获，后来，我就开了一次班会，让学生讲诚信的故事，讲拿别人东西的危害。课后，拿别人积分卡的学生主动认错并归还积分卡，但这个学生后来一直比较消极。为此我多次通过电话、微信联系学生家长，并进行家访，肯定他的表现。我家访时了解到他在家很喜欢养花，所以，就给他安排了花草管理员的职务，帮助他重拾自信。后来，他慢慢地走出了那段阴影，变得像他培育的花儿一样生机勃勃。

制定并公平严格地执行班规是为了更好地管理一个班级，同时，有温度地善后是为了更好地教育和引导学生。教育的目的不是为了惩戒，而是为了让每一个学生都能自信、快乐地成长。所以，在小学阶段执行规则的时候一定要让学生感受到爱与信任。

遵守班规带来的成就感

班规中关于保持班级卫生有比较明确的分工，有专门的负责人。在保持班级卫生乃至学校卫生的工作中，还出现了一些表现突出的学生，我给他们加分，并在全班面前表扬他们。我告诉学生，持续做好一件小事就很了不起。所以，学生会把这种维持卫生的习惯带到所到之处，并认真做好。

学校操场的卫生由各个班级轮流负责，运动会这一周恰巧轮到了我们班。平时各班彩排入场式、项目训练就产生了很多垃圾，班里的卫生管理员都会很认真地捡拾垃圾，维持操场地面的干净整洁。运动会当天，因为学生全天都在操场，各班训练、补给能量的物资都很齐全，于是不可避免地产生了很多垃圾。这时，班里的卫生管理员很自觉地拿着工具去捡拾垃圾，就这样，运动会当天操场的地面大部分时间都很干净，而这一举动也得到了学校的关注，最后不仅全班获得了成绩第一和精神文明奖的双项奖励，班内的卫生管理员也获得了表彰。

这件事让学生充分意识到，不仅要在班级里遵守班规，在班级外也要遵守，而且按照一条班规做好就能被看见、被肯定、被表扬，那按照所有班规去做不就可以获得更多的成长吗？所以，有了这次经历，学生更加信服班规并自觉遵守。

班规的意义在于为班里的学生提供共同的行为准则，促进学生的全面发展，它有助于建立和维护有序的学习环境。通过遵守班规，学生学会对自己的行为负责，这有助于他们成长为有责任感和自律能力的个体。明确的班规让学生知道什么是可以接受的行为，什么是不可以接受的，创造了一个让学生感到安全和受尊重的环境。所以，一个班级的班规虽然没几条，但意义重大，如果能利用好班规，会让班主任的班级管理工作如鱼得水。

绽放的荷花：小荷班成长记

刘霞

初露锋芒的小荷班

阳光透过教室的窗户，洒在了每一张稚嫩的脸庞上。在这个充满活力的小荷班，学生的眼中闪烁着对新学期的好奇与期待。作为班主任，我用充满热情的声音开启了新学期的第一课。

小荷班的学生来自不同的家庭，其中一些学生不遵守纪律，学习不太积极。特别是一些男生，非常调皮，缺少规则意识。我深知，要想让这个班级的面貌焕然一新，需要的不仅是耐心和细心，更需要智慧和爱心。

在开学的第一周，我并没有急于展开严格的教学计划，而是通过一系列的团队建设活动，让学生感受到集体的力量和温暖。我组织了"每周之星"评选活动，鼓励学生在学习态度、课堂参与和同伴互助等方面有出色的表现。

然而，改变并非一蹴而就。初期，总有几个学生难以融入这种积极向上的氛围。课堂上，当其他学生争先恐后地举手发言时，他们却显得心不在焉，甚至漠不关心。我心里清楚，这些学生需要更多的关注和引导。

于是，我在课后留下这几个学生，与他们进行一对一地交流。我没有直接批评他们，而是试图了解他们的兴趣所在，倾听他们的心声。在这个过程中，我发现每个学生都有独特之处，他们只是缺乏一个展示自我的舞台。

我的耐心和真诚逐渐感染了这些学生，他们开始在我的鼓励下参与课堂活动。虽然这只是一小步，却是成长的起点。小荷班的学生开始一点点地进步，一点点地成长。而这一切的改变，都始于我无微不至的关怀与包容。

关怀和包容的力量

随着时间的推移，小荷班在我的努力下，逐渐展现出了不同往日的风貌。我深知，每个学生都是独一无二的存在，他们需要的是理解与支持，而非批评与指责。

在数学课上，我注意到小T总是独自一个人坐在角落。小T对课堂内容提不起兴趣，我采取各种方式引导小T。我走到小T的桌前，轻声问道："小T，你觉得数学课怎么样？有没有让你感到困惑的地方？"他犹豫了一下，终于开口说出了自己对数学的不解和困惑。我耐心地为他解答，并鼓励他不要害怕犯错，因为每个错误都是学习的机会。

在语文课上，小H因为阅读能力较弱，总是不愿意朗读课文。我没有强迫她，而是在课后给她推荐了一些有趣的儿童读物，并陪她一起阅读，培养她的阅读兴趣。后来，小H取得了进步，并开始主动参与课堂讨论。

我还组织了一系列课外活动，如科学小实验、文学角色扮演，让学生在轻松愉快的氛围中学习知识。我还特别注重培养学生的责任感和团队精神，利用小组合作任务，让学生相互帮助，共同进步。

家长们也感受到了孩子们的变化，他们看到自己的孩子在家里谈论学校的事情时眼中闪烁的光芒，看到他们为了取得的成就而欢呼雀跃。家长们对我充满了感激，也开始更加积极地参与学校活动，与我一同为孩子们创造更好的成长环境。

在我的关怀和包容下，小荷班的孩子不断获得进步，他们学会了遵守纪律，喜欢上了学习，并养成了良好的生活习惯。

引导下的转变

随着时间的推移，小荷班的学生在我的引导下，如同初绽的荷花，逐渐展现出他们的风采。我始终坚持以榜样的力量激励学生，以真诚的沟通消除他们的疑虑，以创新的教学点燃他们的求知欲望。

在学校举办的科学展览中，小荷班的学生展现出他们的创造力。他们自主设计了一个小型生态系统模型，将所学的科学知识与实践相结合。这个项目不仅赢得了师生们的称赞，也让学生体会到了团队合作的力量和科学探索的乐趣。

课堂上，曾经沉默寡言的学生现在争相举手发言。他们渴望表达自己的想法，积极参与课堂讨论。我经常组织辩论会和演讲比赛，让学生锻炼自己的语言表达能力和逻辑思维。这些活动不仅提高了学生的学习热情，也增强了他们的自信。

在我的鼓励下，学生开始设立小目标，比如提高数学成绩，再如完成一本课外书的阅读，他们都有了明确的方向，并且充满动力。我会在班会上让学生分享自己的目标和进步，激励大家共同努力。

家长们也感受到了孩子们的变化。他们看到孩子在家里主动练习，看到孩子为了解决一个问题而反复试验，看到孩子在失败后依然坚持不懈。家长们更加信任我，并成为班级活动的积极参与者和支持者。

在我的引导下，小荷班的学生不再是被动的接受者，而是变成了积极主动的探索者。他们的进步不仅体现在分数上，更体现在心态和行为的转变上。小荷班成为一个充满活力、积极向上的集体，学生在这里找到了归属感。

团结热情的家长群体

小荷班的学生在各方面取得的进步，不仅在学校内引起了关注，也深深地触动了家长。他们看到了自己孩子的变化，感受到了教育的力量，因此更加热情地支持学校的教育工作。

家长会上，我和家长共同探讨了如何更好地配合学校教育，如何在家中营造有利于孩子成长的环境。家长们积极响应，有的提出在家里设立一个小的读书角；有的提议定期组织家庭户外活动，加强家长与孩子的沟通，增进彼此之间的了解。

不仅如此，家长还自发组织起来，成立了"小荷班家长志愿者团队"。他们轮流协助我准备教学材料，组织校外教学活动，组织各类兴趣小组，如绘画、手工、科学实验兴趣小组，丰富孩子的课余生活。

在一次由家长志愿者团队策划的环保主题活动中，孩子和家长一起动手制作了废旧物品分类回收箱，学习了垃圾分类的知识。这不仅让孩子在实践中认识到了环保的重要性，也加强了家长和孩子之间的交流，让家长能够更加直观地了解孩子在学校的情况。

家长的热情参与和支持，极大地提升了小荷班的凝聚力和活力。他们成为我教育工作的坚强后盾，也为孩子树立了积极参与社区活动的榜样。在这样的环境中，小荷班的孩子不仅在学业上取得了显著的进步，更在品德和生活能力上得到了全面的发展。

小荷班的故事，就像那朵正在绽放的荷花，经历了风雨和阳光，最终展现出了最美的姿态。在我的关怀、包容和引导下，孩子和家长共同绘就了一幅温馨和谐的教育画卷。

以细节管理促进班级和谐

徐鑫

在我作为小学班主任的职业生涯中，最具挑战性的任务之一就是引导和转化后进生。随着工作经验的积累，我逐渐总结出一套有效的策略，通过细致入微的观察和指导，帮助这些学生找到适合自己的成长路径，从而推动整个班级的和谐与进步。

知己知彼，才能百战不殆。学生的行为习惯出现问题，原因是多方面的，有可能是社会环境方面的问题，有可能是原生家庭方面的问题。只有深入了解学生出现问题的原因，才能有的放矢，"对症下药"。小林是班上一个比较特别的学生，他经常在课堂上制造噪声，无法认真听讲，不能按时完成作业，并且与同学们的关系紧张。面对这样的情况，我首先深入调查原因。通过沟通，我了解到，小林的父母来青务工，经常忙于工作，文化程度也有限，很少有时间关注他的情感和学习需求。为了帮助小林改善行为并更好地融入班级，我制订了一项详细的干预计划。

首先，我改变了与小林的交流方式，少了很多说教和批评，多了许多交心的谈话。即使小林违反了纪律或者和同学们发生了矛盾，我也站在他的角度帮他分析，让他真切地感受到我是在帮他，而不是在批评他。这样的做法有效地改善了小林和我的关系，使他慢慢地向我敞开了心扉。

其次，我调整了小林的座位，将他从教室的后排移到前排，紧邻我的讲台。这样我就可以更直接地观察他的行为，并在必要时进行干预。在课堂上，我尽量给他更多回答问题的机会，提升他的参与感，并鼓励他积极与同学互动。我还发现小林对绘画有浓厚的兴趣，于是便鼓励他参加学校的美术俱乐部，同时在班级内组织了一次以画画为主题的小组活动，由小林担任组长。这让他有机会展示自己的才能，并从中获得同伴的认可和尊重。每当他在这些方面取得进步时，我都会及时地表扬和奖励他，以激励他保持良好表现。

此外，我也积极与小林的家长建立联系，定期和他们交流小林在学校的表现，并提供家庭配合的建议。我鼓励家长在家中为小林创造一个稳定的学习环境，并尽可能多花时间与他交流，关注他的情感需求。经过一段时间的努力，小林的行为有了明显的改善。他不再频繁地打扰其他同学，作业也能按时完成。更让人欣慰的是，他在班级的画画活动中赢得了同学们的认可，这极大地提升了他的自信。他的转变影响了整个班级的氛围，同学们学会了如何更好地接纳和帮助彼此。

小林的故事深刻表明，班主任在班级管理中尤其需要对这些后进生给予细致的关注和引导。每个学生都拥有被理解、被尊重的权利。而作为教育者，我们的责任是用心发现每个学生的独特之处，用爱去引导他们健康成长。这不仅是对他们的帮助，也有助于整个班级和谐氛围的营造。这种关注不仅改变了小林，也逐渐影响了班级的整体氛围。其他学生看到小林的改变，变得更加包容和友好。他们学会了欣赏彼此的优点，也学会了共同面对和解决问题。班级的整体氛围变得更加积极和融洽，学生的学习热情也随之高涨。

从小林的案例中，我学到了教师工作中非常重要的一课：耐心和理解可以创造奇迹。每个学生都有其独特性，作为教育者，我们要发掘他们的亮点，用合适的方式去培养和引导。这不仅能帮助学生克服困难，更能激发他们的潜能，让他们在未来的道路上走得更远。班级管理从来不是一件简单的事，尤其是当我们面对有各种个性和需求的学生时。然而，细心地关注和引导学生，可以让他们感受到温暖和鼓励，激励他们茁壮成长。

将课堂搬至更广阔的天地去

/林先锋

　　谈及班级管理，我总会想起几年前带领学校航天社团远赴北京的那场游学。那一年，我们和23个学生组成了一个特殊班级，将课堂搬到校园外的天地，去探索更加广阔的世界，去培养学生更加多元的能力，同时也经历了更加复杂的挑战，并由此引发了我们更加深刻的教育思考。

　　游学第一天，学生兴高采烈地踏上了旅程。在高铁站候车大厅里，我给学生上了第一课——时间。我首先回顾了我们早上乘坐大巴车前往高铁站的经历，尽管我们走错集合地点，导致赶车过程略显狼狈，却因为时间安排得足够充分，从而能够准点到达。

　　有了刚刚经历的这一幕作为铺垫，我告诉学生，交通史上因为迟到而造成的问题不胜枚举，近几年就有两个例子：一位乘客因为家人迟到强行阻止火车启动，被公安机关拘留；还有一位飞机乘客由于相似原因强行阻止飞机关闭舱门，同样受到了相应的处罚。时间对大家来讲都一样，现在不具备时间意识，将来必定自食恶果。

　　"凡事预则立，不预则废。"也正是因为这特殊的一课，后续整个游学过程中，学生都表现出了良好的时间观念，在北京各大场馆进行自由活动时，没有出现过一次集合迟到的现象。

　　到达北京后第一顿午饭时，我给学生上了本次游学的第二课。中午时分，我们顺利抵达北京南站，随即用餐。早起赶高铁的学生已经饥肠辘辘，于是"暴露"出了最真实的一面，一个个争先恐后、迫不及待、面红耳赤。我自认具备丰富的带队经验，从国内到国外，从比赛到游学，不敢说身经百战，起码也是阅历丰富，可如此热闹的场景着实让我大吃一惊，一时之间竟然无所适从。

经过短暂诧异，我决定先解决眼前乱局，再考虑其他。我当即公布三条用餐规定：第一，由带队老师负责转桌；第二，每个学生只准吃自己面前的菜；第三，不得喧哗。混乱局面迅速得到有效控制，我也得闲思考其背后的原因。

学校的航天社团是一个具有时代特征的社团，具有红色和创新基因。为孩子选择这个社团的家长，普遍具备现代思维，家庭条件应该不差，可孩子为什么会在吃饭时出现争抢的情况？究其原因，在于孩子过于自我。他们在家里独享资源，一切从自己出发，不存在资源分配，不考验谦恭礼让。一旦碰上资源偏少的情况，自我意识迅速占据主位，一人动手，群起效仿，平时读书学到的团结、谦让、素养全被抛到脑后。

这也给我上了一堂课。社团、班级乃至学校建设，首要任务在于思想建设。一个人的力量终究有限，只有在学生心目中树立"我们是一个团队"的理念，才能让学生在彼此的扶持之下走得更远、飞得更高。时代的发展需要具备坚韧、创新、开放等各方面素质的人才，但一切的基础是团结。没有团队意识的学生注定走不长远。

正是基于以上思考，这次游学正式开始之后，我和其他带队老师尝试给学生更多的自由。因为在更加宽广的世界里，在更加复杂的局面下，学生更能切身体会到团队力量的强大以及团结协作的必要。

于是，在中国科学技术馆、中国国家博物馆、中国人民革命军事博物馆、北京动物园这些人山人海、空间广大的场馆内，我和其他带队老师克服压力，大胆尝试，让学生自由组团，自主游玩，自主处理各类难题，根据研学手册要求寻找答案。老师团队分成两拨，一拨三人把守出口，一拨三人进行巡视。游学过程中，学生展现出五花八门的能力，借钱的、问路的、找队友的、买纪念品的、讲价的……各显其能，又配合无间，个人能力得到了充分展示，团队协作的力量更是让一群小学生轻松玩转北京城。

在这次游学活动中，航天社团的学生无一例外都表现出良好的个人能力。他们聪明好学、知识面广，具有批判性思维，有强烈的求知欲，学习能力强。

在中国航天科技集团有限公司，面对航天首席科普专家田如森老先生，学生主动提问，积极探讨。田老先生赞叹，从未见过在这么小的年龄就具备如此丰富知识的孩子。从航天技术到黑洞假设，他说自己仿佛在同一群大学生进行交流。航天知识竞赛中，学生争先恐后，几十个题目几乎全对，最后老师直接取消了选择题，改为填空题。在汽车上，我们聊三国五虎上将，聊唐朝兴衰原因，甚至聊到了中国的饮食文化以及天外文明。这是一群多么优秀的学生呀！

可以说，只有真正地走近学生，才能理解他们内心深处的故事；只有真正理解他们，才能激发他们无穷的力量。而好的教育，就是要走近每一个学生，理解每一个学生，为他们创造尽可能多的机会，帮助他们发展自我、认识自我、成就自我。

育人故事篇

让每一个孩子都绽放光芒

林先锋

节奏鲜明的撞击声、充斥全场的呐喊声，在耳边交织回荡，却像是来自看不见的远方。篮球每一次从落地到弹回学生手中，再到被用力地拍下，明明只有一刹那，但是极富冲击力的画面就如同电影升格镜头一般，被拉伸至无限漫长。在场的每一个人，学生、老师、家长，眼眶里全都噙满泪水……

过去几年，我时常会想起身患脑瘫的一年级男生赵金哲一口气拍了几百个球的那场运动会。那天下午，是他创造了松岭路小学的第一个"奇迹"，是他给了我们所有学生、老师和家长一份共同的感动，也是他让我开始更加深入思考教育的意义。

时至今日，如果要理清赵金哲的故事究竟给不满六岁的松岭路小学留下什么样的印记，又给我的从教生涯带来怎样的触动，就得回到故事开始的时候。

那是2019年夏天，刚刚建成不久的松岭路小学即将迎来第一批新生。尽管学校启用第一年仅有两个班，但是支撑一所学校的全部基础性工作却一样不少。那些日子里，松岭路小学的11名教师忙得真叫一个底儿朝天。

就是在这样的情况下，我得知新生中有一名患有脑瘫的学生。当时我的第一反应就是赶紧劝说其父母给孩子另寻一所学校。我的想法也简单，松岭路小学这样一所人手少、经验更少的新学校，可能很难给这样一个情况特殊的孩子提供足够的关怀与照料。寻找一所更具针对性的专门学校，应该更有利于孩子成长。于是，我连忙安排班主任前去家访，劝说学生家长另做选择。

本来我以为"劝退"这名学生，会是一项比较简单的任务。因为我们确实是出于对孩子成长负责的考量，才作出的这项决定。"只要跟家长阐明利害，达成共识应该不是什么难事吧？"我这样想。

但令我出乎意料的是，不仅班主任未能完成任务，主任也败下阵来。看着两人面露难色的样子，大有被家长说服的感觉。我这才意识到，事情可能没有想象中那么简单，随即决定自己上阵。就这样，出于"劝退"一名学生的目的，我开启了自己担任校长后的第一次正式家访。

那是我第一次见到赵金哲。说话口齿不清的他，身形明显要比其他六七岁的孩子瘦弱得多，走起路来歪歪斜斜，看起来并不具备生活自理能力。那一刻我再度确信，寻找一所特殊学校，对孩子来说将是更加有利的选择。只是万万没想到，接下来孩子母亲的一番话彻底改变了我的决定。

这位母亲是个性格豪爽、内心坚毅的女性，尤其是听了她和孩子的经历后，更令我对她钦佩不已。她直言不讳，孩子出生时早产两个多月，医生告知她孩子不保，她却拒绝接受这份宣判，笃定自己一定能，也必定能拯救孩子。为了从死神手中抢回自己的孩子，他们一家付出的代价是巨大的。金钱方面自不必说，孩子在中国人民解放军总医院301医院抢救了3个多月，治病期间花费无数。精神方面的摧残则更为致命，住院期间经常是上一个好消息带来的喜悦还未来得及感受，紧接着孩子又因为情况恶化被推进手术室。从好不容易看到一线希望，到重新被推入绝望深渊的极限撕扯，这位母亲经常要在一天内经历多次循环，而且这样的折磨在那3个月间就像没有尽头一般。

后来，孩子总算是保住了，但留下了脑瘫的问题。母亲觉得亏欠孩子太多，就想着给孩子一个完整的童年。她语气平静地向我描述着自己对孩子未来的规划。她说希望自己的孩子可以像普通孩子一样，在学校度过小学、中学时光，再去学习一门中医针灸之类的手艺，拥有自食其力的能力，然后普普通通、平平凡凡地度过一生。

听完这位母亲的讲述，我几乎不假思索，当即答应她接受这个孩子。我们常说教育要有情怀，我想"幼吾幼以及人之幼"的这份同理心，应该就是一名教育者最原初也最质朴的情怀。就这样，2019年夏天，赵金哲正式成为松岭路小学一年级新生中的一员。

理想丰满，现实骨感。赵金哲入学之初着实给学校带来不少麻烦，也闹出不少笑话。诸如吃饭、上厕所这些事需要专人照顾自不必说，母亲在愧疚心理下对孩子的溺爱，更是让他养成了不少坏习惯，脾气暴躁、爱说脏话等问题不胜枚举。不过即使在这样的情况下，学校也一直相信，只要能够给予孩子足够的支撑，他的情况一定会有所改善。

时间转眼到了9月底秋季运动会的时间，这可能是整个学期最令我期待的一天。在我们看来，世界上恐怕没有什么能比阳光下孩子灿烂的笑脸、运动嬉戏的身影更能打动人心。

然而如何在这场运动会中安排赵金哲这件事，却让我犯了难。他连日常活动都多有不便，更不用说参加运动比赛，即便让其担任运动会广播员，他也因为缺乏经验而难以胜任。

我始终坚信，运动是每个孩子与生俱来的权利，我不想让这个一年级的孩子成为小学阶段首场运动会上的"局外人"。我去询问孩子母亲，孩子有没有什么力所能及的运动。孩子母亲告诉我，他平时拍球拍得不错。"好，就拍球！"于是松岭路小学首届运动会为赵金哲专门增设了一个比赛项目——拍球比赛。而他果然不负众望，获得了这项比赛的第一名。

运动会后的汇报演出环节，体育老师专门为赵金哲设计了几个简单动作，又为他安排了几个小队友，为全校师生以及家长进行拍球表演。本来想着，这就是对整场运动会的一个简单总结，气氛也会比较轻松愉悦。但是谁也没想到，赵金哲却给我们上了一课。

那一天，篮球不知多少次砸在地上，又弹回到赵金哲的手中，一次、两次、三次直至无数次，这个平日里行动困难的孩子，全程动作未有丝毫变形。那一天，我的心脏也随着篮球的节奏不断跳动，心情从惊喜，到惊讶，再到惊叹，最后被那具瘦小身躯里爆发出的顽强生命力震撼到无以复加。那一天，在场的所有人，学生、老师和家长的加油声，最后都变成了声嘶力竭的呐喊。

彼时彼刻，我们的念头很简单，就是单纯地被赵金哲的表现所感动。直到后来，我的思绪不止一次地回到现场，才逐渐清晰地认识到，那一天我们之所以如此难以自控，是因为我们每个人都或多或少地与现实和命运抗争过，那个六七岁男孩身上迸发出的强大力量，让我们看到了那个不愿屈服、不肯低头的自己。我们是在为赵金哲加油，也是在为自己呐喊。

如今，距离那场运动会已经过去了整整五年。这五年间，赵金哲的变化可以用脱胎换骨来形容。过去那个暴躁、不安，对周围世界充满警惕与攻击性的孩子，如今性格开朗，与同学关系融洽。这几年一直担任课间操广播员的他，每次点评起同学、老师的做操表现，那叫一个头头是道。有时我甚至觉得，因为没有学业、升学方面的压力，他要比同龄的孩子更洒脱和自如一些。

回首赵金哲的成长经历，我们能够清晰地看到那场运动会给他带来的影响。那次经历，让一个长期沉寂于晦暗世界里的孩子，得以绽放出自己的光芒。熊熊燃烧的生命之火，让他感受到了自己的力量，看到了这个世界的美好，也找到了朝着光明之处前行的方向。

那次运动会，也让老师更加清晰地认识到，即使那个看着满身缺点、让他们头疼不已的孩子，身上也有其独一无二的闪光点。只要老师发现它们并不断将其放大，就能让每个孩子都变成一个闪闪发光的"人"。过去几年间，松岭路小学总是在不遗余力地为每一个孩子创造属于他们的高光时刻。

那场特殊的运动会于我同样意义非凡。年轻的时候，我对教育工作并未有多么深入的思考，有时甚至觉得，如果我从事的是另一项工作，自己也会以同样的敬业精神去做好分内之事。直到我遇到了赵金哲，他的成长和转变，让我收获了前所未有的成就感与价值感。

如果说画家的作品是一幅幅精美绝伦的画作，音乐家的作品是一支支旋律动人的乐曲，作家的作品是一篇篇感人至深的文章，我们的作品则是一颗颗闪耀光芒的灵魂，一个个拥有无限可能、将会创造无尽奇迹的"人"，这个世界上还有什么事，是比做好一群孩子的老师、当好一群孩子的校长更幸福的呢？

那一年腊月二十八，结束了整年的工作，我回到父母身边。当人处在安静的氛围中时，就更容易看清自己的本心。那一天，一个在脑海中存在了许久的念头，突然就前所未有地清晰起来。我对自己说，我一定要当好孩子们的校长，我们要让每一个孩子在松岭路小学绽放出属于自己的光芒。

小西的笑容

——做点亮学生自信灯火的老师

王伟丽

2023年9月，我再次开启了教师生涯的新篇章，执教五年级的数学，并担任班主任。新的学生群体带给我新的挑战，班里43名学生中最先引起我注意的是一位名叫小西的女孩。

小西看起来过于谨小慎微，她在课堂上回答问题时总是战战兢兢、吞吞吐吐；交作业时磨磨蹭蹭，总卡着最后的时间点犹犹豫豫地送给我。

经过观察并与小西在低年级时的数学老师沟通，我了解到她的过分谨慎源于她数学成绩的不理想，而她又是一个自尊心较强的女孩，这让她害怕面对数学老师和数学学习。为了帮助小西克服这份恐惧，我开始耐心地引导与鼓励她。

在一节数学课上，小西再次畏缩着不敢回答问题。我轻轻地靠近她的座位，用温和的语气对她说："小西，试试看，即使错了也没关系，我们在这里就是为了学习和进步。"

在我的多次鼓励下，小西终于鼓起勇气，细声细语地阐述了解题步骤。尽管她的解题思路并不是很清晰，语言描述也不够简练，但我清楚一定要抓住这个时机，于是立刻给予她肯定，并对她说："你的理解很到位，也会用数学语言表述思考过程，只要多一些练习，数学题目对你来说会变得越来越简单。"

小西的眼中闪过一丝惊喜，那一刻，她露出了甜美的笑容。

课后，我让小西留下来。她十分紧张，以为自己犯了错，我笑着对她说：

"小西，这段时间下来，王老师发现你在数学上是很有潜力的，我们可以一起设置一些小目标，逐步克服困难，老师会和你一起努力的，怎么样？"

她怔了怔，似乎在询问："真的可以吗？"我坚定地点了点头，并向她伸出了手。她的脸上露出了期待的微笑，握住了我的手。此刻，她的笑容如同清晨的阳光，散发着希望的光芒。

之后的数学课堂上，我看到小西坚定地举手时，会让她起立回答问题，并引导同学们给予她认可与鼓励。在课堂之外，我尝试了解小西的家庭背景和她的兴趣爱好。

通过与小西交流，我发现她对绘画有着浓厚的兴趣。我鼓励她将数学与艺术结合，尝试绘制一些几何图形的艺术画。这不仅让她在数学学习中找到了乐趣，还帮助她建立了一种新的思维方式。她开始运用"数形结合"这一重要的数学思想去思考并解决问题，学会了更直观地理解数学概念。每当在作图之后找到解题思路，她都会露出满足的微笑，仿佛在告诉我，她又向前迈出了一步。

随着时间的推移，小西对数学学习的兴趣越来越浓厚，她开始主动参与课堂讨论。每次她回答正确，我都用言语或加小红星的方式给予鼓励，她的自信心也随之增强。让人感到欣慰的是，在阶段数学闯关中，她的数学成绩接近了A段线。拿到试卷的那一刻，小西笑了，眉眼弯弯。从她的笑容里，我感受到了她的自信。

经过一个学期的不懈努力，小西已经从一个小心翼翼的女孩，成长为一个自信阳光的学生，她的笑容逐渐成为班级中的一道风景线。她会鼓励在学习或者生活上遇到困难的同学，告诉他们只要努力与坚持，目标终会逐步实现。每次我看到她的笑颜，都会提醒自己：孩子如同嫩芽，都有成长为参天大树的潜力，作为教育者的我们，要在他们成长的过程中，适时地给予阳光和滋润。

看着小西一步步变得更加自信和独立，我的心中十分满足和欣慰。她的转变不仅是学业上的成功，更是性格上的成熟。她现在能够主动帮助其他同学，成为班级中的小小助教。小西的父母也对她的改变感到非常高兴，并对我的教导表示深深的感激。

　　小西的故事是我教育生涯中的宝贵一页，它不仅改变了一个学生的未来，也深刻影响了我的教学理念。每一个孩子都像小西一样，拥有无限的可能，而我们作为教育者的使命，就是发现并培养他们的潜力，帮助他们在生命的舞台上绽放光彩。当看到小西那自信的笑容时，我深信，我的努力已经开花结果。

点一盏心灯，照亮你前进的方向

/王帅

陶行知先生说："真教育是心心相印的活动。唯独从心里发出来的，才能达到心的深处。"对于班主任来说，点一盏爱的心灯，善于发现学生的优点，鼓励他们，让他们体会到师爱，并从中汲取力量，改正缺点，勇往直前，这就是心心相印的教育活动。

两年前，我第一次走进三年级1班。当我还对大部分的学生不够熟悉的时候，有一个女孩进入了我的视线。她的名字叫童谣，她有着一双水汪汪的会说话的大眼睛、一张樱桃小嘴，皮肤白皙，她总是喜欢扎着两个小辫子，走起路来辫子一跳一跳的，活像一只可爱的小兔子。我第一眼见到她，就从心底里喜欢这个可爱的小姑娘。当别的学生还跟我不熟悉，羞于与我交流的时候，这个小姑娘总能想到合适的理由出现在我面前，与我交谈一番。直觉告诉我，这是个很机灵的小姑娘，但是在后来的几天时间里，我就发现了她的问题。

她不喜欢听课。不管上什么课，她的课桌上永远没有书，只有乱七八糟的杂物。老师讲课时，她总是游离在课堂之外。无聊时，就会趴在桌子上睡觉。如果老师点名，她不但不听，还会变本加厉。

她不喜欢写作业。无论是课堂作业还是家庭作业，从来不写。哪怕是最简单的抄写生字词她也不写。除非老师站在旁边，不停地督促，她才能勉强写，并且字迹非常潦草。每天收作业时，她的答案只有一个：放在家里。为此，我经常给家长打电话，询问作业完成情况，家长总说她写完了，但因为工作忙不能送过来。后来我了解到，其实她的作业只是在家长看着的时候写，实际都没有写完。

她思想叛逆。在学校她是最特别的存在，可以用我行我素来形容。学校里不管是哪位老师指出她的问题，她都表现得很不屑。越批评越不听，不批评更不听，甚至会跟老师翻白眼，公然与老师对抗。

摸清"底细"，诊断把脉

班里有个这样的学生，实在是让人头疼。没几天的时间，她就把留给我的好印象完全颠覆。我想对于这样的学生，硬碰硬肯定不行，还是要先了解她的成长环境，找到与她的共鸣点，这样才有可能转变她的思想。趁着她还对我有很多好奇，愿意跟我聊天，我慢慢地尝试，在与她的"闲聊"中摸清她的家庭背景。我会问"童谣，你的家是怎样的？""有哪些家庭成员？""你最喜欢谁？""为什么？"等。在交流过程中我了解到，童谣在上小学之前跟姥姥和姥爷一起生活。老人对她言听计从，总是宠着，因此养成了贪玩任性的习惯。上小学后，父母认识到需要陪伴在孩子身边，帮助她适应小学生活，于是就强行把她带回了家。之前五六年的时间，孩子都是与姥姥、姥爷在一起的，与父母没有建立深厚的感情，而父母却用最简单粗暴的方式把她带回了家。弟弟的出生也让她觉得父母不爱她。她对父母是敌视的，所以除了姥姥和姥爷之外，她的内心对其他所有人都是有抵触的。

了解到这一情况后，我首先找到了孩子的父母，把孩子内心的想法告诉了他们。她的父母也知道，当初那样粗暴地把她带回家上一年级是不对的。所以，我跟他们说，现在先不要急着管教她，而是要让她感受到来自父母的爱。跟她谈一次心，告诉她当初为什么要把她从姥姥家带回来，那样做是为了帮助她更快地适应小学生活。在弟弟面前，要给她树立威信，让她感受到父母对两个孩子是一视同仁的，并且弟弟要听姐姐的话。抓住生活中姐弟之间的小矛盾，巧妙地去引导。孩子的姥姥和姥爷不能再这样娇惯她，一定要和父母统一战线。几天后孩子妈妈告诉我：一次姐弟俩闹了矛盾，妈妈这次没有袒护弟弟，而是当着姐姐的面教训了弟弟，并让弟弟跟姐姐道歉。这个时候，童谣的眼里是有光的。那一次之后，她不再敌视弟弟和父母。她对老师的态度也缓和了很多，因为她从妈妈那里知道，爸爸和妈妈的改变源自老师。她知道，老师是真心帮助她的。找到问题所在，这是改变她的第一步。

让我走进你的内心

想要真正走进童谣的内心，只和家长沟通还不够，要寻找一个契机，真正走进她的内心。那天是大课间活动时间，班里的学生都三五成群玩着自己喜欢的游戏。唯独童谣，一个人在操场上游荡，无所事事的样子。以前也听说过，其他同学不怎么喜欢跟她玩，我想，这个机会终于等到了。我走到操场对她说："童谣，我们一起玩游戏吧！"她转身惊讶地看着我，半天才说："老师，你确定吗？"我摸摸她的头说："当然！"她的脸上显现出一丝欣喜。我伸出手，轻轻地拉住她，走向跳房子的游戏区。我说："喜欢跳房子的游戏吗？我们来比赛吧！谁在最短的时间内走完全程就算赢。"她爽快地答应了。我们的比赛吸引了很多学生的目光。大家都惊讶地看着我们。比赛开始了，我遥遥领先，她也不甘落后。第一局，我稳稳地赢得了比赛。她鼓着腮帮子，一脸不服气地说："再来！"因为我们的比赛十分激烈，吸引了更多学生加入比赛。这时候，童谣不再是无人搭理的"小透明"。大家在一片欢声笑语中玩起了跳房子的游戏。我在一旁望着她红通通的笑脸，会心地笑了。她呢，也在望着我，真诚地笑了。从那以后，她不但是我的游戏伙伴，更是我的小助手。我经常让她帮我拿课本、搬作业、整理讲桌，而她也总是乐此不疲地认真完成。我想，走进她的内心，这是改变她的第二步。

成为小小"银行家"，你也能行

接下来就是解决童谣上课不听讲和不写作业的问题。这个问题的解决，我借助了班级里的"成长银行"行动。就是根据学生在上课、下课、作业、纪律等方面的表现，用成长币进行奖励。认真完成家庭作业且正确率高，每天可以获得2枚成长币。自从开展了这个活动，学生写作业的积极性提高了很多。但是这对于童谣来说仍然没有什么诱惑力。因此我单独找她聊天，我说："童谣，我们一科一科地算，如果今天你能把某一学科的家庭作业保质保量地完成，那么我就奖励你2枚成长币，这是我们的约定。"虽然她口头上答应了，但是我仍然觉得她缺少自控力，所以一开始，我会利用托管时间监督她写作业。第一天，童谣在托管时间完成了语文作业，按照约定我奖励了她2枚成长币。这给了她极大的鼓励。她小心地捧着2枚成长币，左看看，右瞧瞧，如获珍宝，不舍得放下。如此连续坚持了一周，她得到了10枚成长币。这对她来说，是从来没有过的。要知道，在此之前，她1个成长币都没有得到过。到第二周时，我惊喜地发现，我不需要看着她写作业了，至少是前20分钟不用了，后面她有些懈怠的时候，我还是会提醒她一下。近两个月来，她的进步非常明显，每天都会写作业，虽然有时也会丢三落四，但是相比较之前的一个字不写，这简直是质的飞跃。

后来，我又用成长币奖励上课认真听讲的学生。在课堂上回答问题的学生可以得到2枚成长币。童谣之前在课堂上要么睡觉，要么搞小动作。自从开展了这个活动，我每天都关注她，终于有一天，我发现她既没有在课堂上睡觉，也没有在那玩东西，于是我叫她起来回答一个很简单的问题。她回答得很好。于是我抓住机会，在同学们面前"狠狠地"表扬了她，并当场奖励了她2枚成长币，这引来了其他同学的羡慕。此后的课堂上，童谣的表现比之前好了许多，她不再整节课都睡觉了，偶尔也能积极举手回答问题。这对于一个没有听课习惯的学生来说，已经是很大的进步了。

日子一天天过去，童谣在我的鼓励中慢慢地进步着，虽然她每次只前进一小步，有时候也会反复，但是，她确实逐渐变得越来越好。发现学生的闪光点，给予他们足够的信任、尊重、理解、鼓励和支持。用自己的爱，点燃一盏明灯，照亮学生前行的路，帮助他们不断成长。

与学生沟通的法宝就是爱

董丽妮

爱，是一个与情感相关的词。人是情感动物，因此这个词对于人们来说并不陌生。教师，不仅要兢兢业业教书，更要付出情感去育人，这样才能培养出情感丰富、人格完整的学生。从这一角度来说，爱学生，是每位老师应当具备的职业道德。用爱与学生沟通，更是每一位班主任应当掌握的技巧。做好以下几点，就能成为一名会用爱沟通的老师。

学会与学生沟通

良好的师生关系要通过良好的沟通建立，而沟通又分为无声的沟通与有声的沟通两种。

相对来说，无声的语言不仅同样可以发挥沟通的效能，有时甚至比有声的语言更便捷、快速、有效。老师所做的很多事都是在与学生进行沟通，一举一动，一颦一笑，说话的语气语调，面部的表情神色，甚至是作业本上的批划，都在向学生传递信息。这些无声的语言会对学生产生积极的暗示作用，使学生感受到老师对自己的关注、理解和信任，从而表现出积极的情绪和行为。

关于有声沟通，低年级的学生往往对老师更加热情，他们课后经常会围着老师转，问各种各样的问题，说自己开心或烦恼的事情。每当这个时候，我都会放下手中的工作，陪他们聊天，了解他们的心声。

我始终认为学生能找你倾诉，说明他喜欢你、信任你。空闲的时候，我也会经常把学生拉到身边，和他们聊聊天：告诉他们这几天天气冷，要多穿衣服，防止感冒；问问他们身上漂亮的衣服是谁买的；还告诉他们这几天作业写得不错，老师看了很高兴……在这种轻松的氛围下，自然而然地提出对学生的要求，他们能够听得进去，效果非常好。

用真诚唤起信任

我校学生大多数来自青岛市周边的自然村，在父母的手心里被捧着长大的他们，自我意识薄弱，因此对老师、同学感情的需求十分强烈，这时就需要班主任像父母一样关爱他们，稳定他们的情绪，帮助他们尽快适应学校生活。

学生不断获得进步是每位老师对学生的美好期望，但不是每位老师对学生的良苦用心都能被学生接受。因此，教师在与学生相处时，首先应该做到真诚。只有让学生感受到真诚，才能唤起学生对老师的信任，实现师生之间的良好沟通。

我接触过这样一个特殊的学生，上课时他不会像其他学生那样写写画画，而是时常转头、破坏纪律。这时老师不免会批评他，他不仅不会反思自己的错误，反而时常情绪失控，做出一些伤害自己的行为。后来我们才知道这个学生有自闭症和多动症。

他其实是个聪明的孩子，尽管语文课上他不主动识字写字，每次检测结果都很让人头疼，但他的数学成绩却能达到优秀等级。

多动症的孩子有以下特点：儿童感知上的缺陷使之对事物的认识和体验发生偏离，从而心理变得异常，意志薄弱，性格波动。多动症儿童往往性格孤僻、任性，自控力差。他们在上学路上会被商店的玩具吸引，忘记去上学。这是因为他们的注意力是不自觉的、无目的的，见到什么就去看、去做，不知道辨别到底应不应该做。

后来，我试图改善他在语文学习以及其他方面的问题。课堂上，我特意请他回答简单的问题。若他回答对了，我让其他同学送给他热烈的掌声。一开始他还有些羞怯，慢慢地，在我和同学们的鼓励下，他变得大胆起来，回答问题的准确率逐渐上升。

当我们学生字的时候，我鼓励他拿起笔一起写，开始写一个字，慢慢地，他可以写一行字。我渐渐看到了曙光，于是课下找他谈心。他的手很巧，就在我和他谈话的时候，他叠出了一只小青蛙，很自豪地给我看。我表示很喜欢。

毕竟在学校的时间有限，我个人的能力也有限，我主动与家长沟通，共同携手改善孩子的习惯，让家长多用鼓励和表扬的方式激励他，使他慢慢进步。也许是我的真诚将他感化，有好几次他把水果递到我面前，什么也不说，但我已经感受到了他内心那份真挚的情感。一种幸福感油然而生。

让好习惯和好品德常伴学生左右

"育人先育德"，好品德的养成远比好成绩更重要。好成绩是暂时的，而好品德一旦养成，那将是学生一生的财富。我鼓励学生要多多帮助他人，告诉他们要知错就改。

在课上，我时刻关注并及时纠正学生错误的读书写字姿势，告诉他们书本是朋友，要时刻注意它的卫生，保持书面整洁。我教给学生正确的刷牙方式，不定期检查他们的个人卫生。教育学生保持学习环境的整洁，带领他们一起进行大扫除，让他们从小养成爱劳动的好习惯。

班主任的基本任务之一是对学生进行思想品德教育，使他们的身心全面健康地发展。小学低年级，正是学生接受各方面教育的最佳时机，除了学习，更重要的是教给他们明辨是非，学习怎样做人。因此每周一的班会课上，我会结合国旗下讲话的内容，安排相应的活动。

比如，进行雷锋精神宣传的时候，我会让学生课前查找有关雷锋的资料，在班会课上讨论要学习雷锋的哪些精神。在进行环保教育宣传时，我会给学生讲地球环境的现状，再请学生来当"环保小卫士"，给环境保护支招。在进行安全宣传时，我结合日常生活中的事例让学生评一评、说一说、议一议……

此外，我还利用班会课开展各种活动：比如植树节时让学生自制小标签，督促大家保护周围的一草一木；母亲节时，让学生给亲爱的妈妈送份节日的祝福或帮妈妈做一件事；家长会时，让学生通过写信的方式写下想对家长说的话；以"争做文明礼貌小标兵"为教育主题，开展活泼生动的主题班会。

路漫漫其修远兮，吾将上下而求索。

做一名和善而坚定的老师

/杨萌萌

　　一名和善而坚定的老师应当是"赢得"学生而不是"赢了"学生，一名和善而坚定的老师会有效地运用鼓励，并且正确看待学生的不良行为。

"赢得"学生而不是"赢了"学生

　　班级中经常会出现同学之间因为鸡毛蒜皮的小事而大打出手的事件，屡禁不止。一天，小林急呼呼地跑进办公室，气喘吁吁地说："老师，您赶紧去教室看看吧，小新和小民打起来了。"看到小林着急的样子，我赶紧起身往教室走去。我来到教室时，两人已被同学拉开，彼此一脸的不服气，有一种不把对方打倒誓不罢休的架势。我把两人叫到办公室了解事情的原委。原来小民在走路的过程中不小心碰了小新一下，小新以为小民故意打自己，于是就你一下我一下地打了起来。听了他们的述说后，我心平气和地说："其实呀，如果是我莫名其妙地被同学打了一下，我也会非常生气。你们自己静下心来想一想，同学们之间哪有什么深仇大恨，都是因为一些鸡毛蒜皮的小事而产生矛盾，对吗？"两人连连点头。"你们看能不能想一个办法，以后避免这种情况发生？"小新回答道："如果当时我能主动地问一句，就会了解到小民并不是故意的。"小民也紧跟着说："如果我能及时地说句'对不起'，矛盾自然也就解开了。""这真是个好主意。"我摸着他的小脑袋，给他们竖起了大拇指。

　　学生犯了错，我们经常惩罚他们，这样"赢了"学生，但并没有"赢得"学生。我们"赢了"学生，他们可能会反叛或盲目顺从，这两种都非我们所愿。"赢得"学生，意味着学生会心甘情愿地合作。我们用和善而坚定的方法能"赢得"学生。当学生觉得你能理解他们的观点时，他们就会受到鼓励。一旦他们觉得被理解了，就会更愿意听取你的观点，并努力找到解决问题的方法。

有效地鼓励

学生需要鼓励，正如植物需要水。鼓励是给学生提供机会，培养他们"我有能力，我能贡献，我能影响发生在我身上的事情，我能知道我该怎么回应"的感知力。

一天下午，我像往常一样，把学生送到校门口，然后一一看着他们被家长接走。正当我转身要回去时，突然有人从背后拍了我的肩膀一下，还没等我缓过神来，小冉跳到了我的面前调皮地说："杨老师，是我！"我惊讶地说："小冉，你怎么来了？"他高兴地说："老师我来看看您，另外我还要告诉您一个好消息。我被市体校选中去练举重啦！如果当时没有您的鼓励……"说到这儿，他哽咽了。我拍了拍他的肩膀，半开玩笑地说："老师真为你感到高兴，你好好练，说不定还能成为世界冠军呢！到时候我还要去找你要签名呢！"

回想起我刚带小冉时，他是一个很乖的学生，从不惹事，下课不出去玩，也不主动与其他同学交流，总是一副心事重重的样子。于是我给他的家长打电话了解情况。我了解到小冉的爸爸在他三岁时遭遇车祸不幸去世了，妈妈又远嫁他方，照顾小冉的重担就落在了年迈的爷爷、奶奶身上。

了解到小冉的情况，我觉得他是个可怜的孩子，于是在课下，我会有事没事地找他聊天，拉家常、谈生活、说理想，拉近了我和他之间的距离。同学们见我这么关心他，也凑上来找他玩。课堂上一些容易回答的问题我总让小冉回答，以此来提高他的表达能力，增强他的自信心。就这样，我发现他慢慢变得开朗起来了，脸上也露出了灿烂的笑容。在一次校运动会上，他主动报名参加了800米比赛并获得了第三名的好成绩。当他凯旋时，全班同学为他鼓掌。

小冉的变化让我看到了鼓励的力量，也让我反思，受到鼓励的学生会更加自信并能获得归属感，有了归属感的学生则会满怀着希望前进。因此，我们要挖掘学生身上的闪光点，不断地鼓励他们。

正确看待学生的不良行为

德雷克斯说："一个行为不当的孩子，是一个丧失信心的孩子。"学生不良行为的背后是因为其有错误的观念和行为目的：寻求过度关注、寻求权利、自暴自弃。我们要识别出这些不良行为背后的错误目的，正确看待学生的不良行为，才能有效地帮助学生改正不良行为。

上个学期我刚接了一个五年级新班，在学生还没有到校前，我就听这个班之前的班主任及任课老师说，一定要注意小新同学，他简直就是"小魔王"。顿时，我的心情像十五个吊桶打水——七上八下。开学后，果不其然，我发现他不但对学习毫无兴趣，还经常犯小错误，比如上课喜欢做小动作，发出怪声，还喜欢恶搞同学，严重影响周围同学的学习。我对他软硬兼施，但是效果都不理想。

一天，语文课刚开始不久，雨萱同学突然呕吐了一地。教室里顿时散发着难闻的气味，周围的同学有的用双手死死地捂住口鼻，有的直接从自己的位置挪移了出来，还有几个调皮的男生说"太难闻了"。见状，我赶紧让雨萱周围的同学将桌子拉开，让靠近窗户的同学打开窗户通风。我戴好口罩，拿出呕吐包，对呕吐物进行处理。这时，我身后传来一个声音："老师，您让一让，我帮您把这些扫起来。"我转身一看，原来是小新，只见他戴着口罩，不嫌脏、不嫌累，一点一点地将呕吐物清理干净，最后还不忘用酒精给地面消毒。清理结束后，我由衷地说："谢谢你呀小新，今天幸亏有你，要不然老师就要手忙脚乱了。你真是个热心肠的好孩子。"听了我的夸赞，同学们也向他投去了赞许的目光。在接下来十几分钟的课堂里，我发现他腰杆笔直，认真听我讲课，写字时也没有像往常那样"龙飞凤舞"。他端坐着，左手按着本子，右手攥着笔，很用心地一笔一画地写着。我顺势表扬他作业写得好，他似乎更有动力了。

事后，我发现小新也不是那种"攻无不克"的孩子。于是，我让他担任他们小组的卫生组长。每次轮到他们组值日时，教室总能被打扫得一尘不染。有一次下午放学时，我发现他还没走，问他："你怎么还不走啊？"他摸了摸脑袋说："今天是我们组值日，我检查卫生时，发现地面不干净，又清扫了一遍。"我笑着说："你真是一个负责的组长。"第二天在班会课上我表扬了小新。他又一次尝到成功的甜头，体会到受尊重的快乐，言行渐渐收敛，学习的劲头更加高涨。

实际上，班级中那些行为常常引发他人反感的学生，往往是内心最渴望得到关爱的个体。他们可能因为种种原因，在成长道路上遭遇了很多问题，导致行为上出现偏差。作为教育者，我们应正确看待学生的不良行为，善于捕捉学生身上的优点和长处，帮助他们建立起自信。自信的建立，有助于激发学生的上进心，使他们更加努力地追求进步。

和善而坚定不仅是一种态度，更是一种智慧。它要求我们既要保持对学生的关爱和尊重，又要坚守教育的底线和原则。只有这样，我们才能真正赢得学生的信任和尊重，成为他们成长道路上的良师益友。在未来的日子里，我将继续秉持这一教育理念，用心用情去教育每一位学生，让他们在知识的海洋中自由遨游，在成长的道路上勇敢前行。

从小淘气到优秀生的蜕变（一）

徐卫红

教育家苏霍姆林斯基说："热爱学生是教师生活中最主要的东西。"师生之间的爱是具有特殊魅力的：它能融化冰冻的心灵，点燃自信的希望；它能点亮启航的明灯，扬起前进的风帆。在小学教育中，教师要根据学生的年龄特点，关爱学生的心灵，着眼于学生的生活和学习实际，关注学生成长的细节，促进学生全面发展。

金秋时节，我又成为一年级学生的班主任，我觉得自己又变年轻了。看着这群天真可爱、朝气蓬勃的小朋友，我的心情十分愉悦。在与学生的朝夕相处中，我发现他们性格迥异。其中有个男生叫小悦，他个子不高，眼睛大大的，小脸胖胖的，很可爱。他能说会道，喜欢奇思妙想，十分调皮。他总喜欢带着几个男生到处乱跑，经常搞得班里喧嚣声不断。

尊重学生天性，循循善诱引导

为了学生的安全，我一直强调课间只能在教室外的走廊里活动。一次课间，我发现小悦带着几个同学跑到了楼下。我紧跟在他们的身后。小悦发现我后，直盯盯地看着我。我也一直看着他。我走上前，抚摸着他的头说："小悦，课间不要和小朋友到楼下乱跑，容易摔伤，记住了吗？"听到我这样说，小悦眼珠一转对我说，他和小朋友在找"秘密基地"。听到小悦这样回答，我并没有马上批评他，而是跟着小悦来到他说的"秘密基地"，满足他的好奇心和探究欲。趁着他意犹未尽，我开始跟他耐心讲解班规，告诉他在楼下乱跑可能会摔伤，非常危险。他点了点头。第二天上课，小悦和另一个小朋友又跑得不见了踪影。我边叫着他们的名字边在楼层间穿梭、寻找他们，后来发现他们跑到了对面的楼里玩耍。小悦告诉我，他们这次是在探险。我听后深呼吸，并没有责怪他们，而是调皮地向他们噘噘嘴。爱玩是孩子的天性，作为老师，我反复思考：孩子的行为为什么不受约束？小悦为什么不听管教，总喜欢带着同学到处乱跑呢？后来我换位思考，这个年龄段的孩子活泼好动、探知欲强，我应该尊重孩子的天性，做好正向引导。孩子换了新环境，周围的一切对他们来说都是新鲜的，有的孩子胆大、好奇心强，很想认识校园的新鲜事物，于是拉着同学壮胆到处闯荡。基于这种想法，我除了教育他不许到处乱跑外，还换了一种教育方式——满足他的好奇心。虽然我们开学初已经带领孩子们参观过校园，但可能他们印象不深。于是我利用中午休息的时间，领着小悦边参观学校，边介绍每个教室的功能。参观结束后，我拉着他的小手说："小悦，想来玩可以找老师带领，自己不能随便离开活动区域，校园太大了，找不到你老师会担心的。以后能做到不随便乱跑吗？"他点着头说："嗯，能。""那我们拉钩，拉钩上吊，一百年不许变。"我和小悦一边说着一边盖了"章"。我们都笑了。

拉钩后的一个星期，每次课间我都会关注小悦，观察他的行踪，提醒他我们的约定。小悦有进步时，我会在班里表扬他是个遵守课间纪律的好孩子。当他表现好时，我会奖励他——带着他和几个小朋友一起到操场上玩，满足他们爱跑的欲望，释放好动的天性。不知道是因为约定的神奇力量，还是因为我选择了相信孩子，帮助孩子立规矩。最终小悦在鼓励和肯定下，将活动范围缩小到教室外的走廊里。

细致入微观察，陪伴学生成长

刚刚解决了这一难题，我发现小悦又开始了新的"花样"。他课间号召几个男生追逐女生，与女生打闹。女生纷纷到我这里告状，说怕被捉到，害怕他。得知情况后，我把他叫到身边，先表扬他在活动区内玩耍，有进步，他听后很开心。接着，我给他讲追逐打闹的危害。小悦认识到了自己的错误，并向女同学道歉，保证不再与同学打闹。大课间开始了，又有女生跑过来说小悦追她。"怎么又犯错？"小悦歪扭着身子站在我面前，不好意思地说："老师我已经忍了。""忍什么了？"他小声地说："忍着没动手打她，只是追她。"我无奈地说要以后要继续保持，而且不可以再追女生了。他向我投来认真、坚定的目光。我们不约而同地进行了第二次拉钩。有的时候孩子的进步是细微的，需要我们细心地观察，看到他们的闪光点。在教育过程中，老师需要具备耐心和细心，一步步走进孩子的内心。

教师要有一颗尊重和关爱孩子的心灵。在教育过程中，教师只有用心感受孩子的成长，用爱打开他们的心门，才能够触动他们。教师要细心观察孩子的成长过程，耐心倾听每一个孩子的心声，给予他们尊重和关爱。

从小淘气到优秀生的蜕变（二）

/ 徐卫红

小悦渐渐地不再乱跑打闹，我很欣慰，但看到他无所事事的样子也为他着急。为了帮助他有计划地做事，让他的校园生活更充实，我想了很多种方法，也不断地进行尝试。

变化思维引领，树立正确观念

一直让小悦遵守纪律，好好玩，到底怎样玩才算有意义呢？小学与幼儿园相比少了许多玩具，关于怎样玩一年级的小学生还真不清楚。我让小悦和同学们搜集课间有意义的活动，在班会课上我们一起分享。有的学生说画棋盘下棋，有的说翻花绳，有的说猜谜语、讲笑话，有的说提问智力题，有的说踢毽子，等等。我们约定，课间秩序好的学生奖励加分。我还鼓励他们用平日积攒的分值兑换沙包、花绳、图画本等，引导他们参与有意义的活动。

课间我留意观察小悦的表现，每当他有了进步，我就及时表扬他。当他有违规的行为或不好的举动时，我马上转移他的注意力，巧妙地阻止他的行为。一次，我发现他想和小朋友偷跑出去玩，就立马走上前，微笑着对小悦说："老师发现你今天和同学猜谜语，没有跑跳，真是太棒了！你真是个遵守纪律的好孩子。"我还充满爱意地抚摸他的头，为他竖起大拇指，让他继续遵守纪律、管好自己。

上课时，我多关注他的听讲效果；写作业时，我多观察他的书写质量；食堂就餐时，我多留意他的就餐行为……我时刻提醒他遵守纪律、认真做事。一次吃饭时，我发现他想把剩下的馒头扔掉，我轻轻地走到他的座位前，没有说一句话，只是静静地看着他，手上做出了拉钩的动作。他马上意识到了自己的错误，腼腆地笑了笑，继续把剩下的馒头吃光了。我当着其他同学的面表扬了他，他笑得像花一样灿烂。

教师对学生的正向引领，如同播种希望之种，孕育着成长的力量。教育并非简单的知识灌输，而是引导学生发现自我、探索世界。通过与学生共同探索课间有意义的活动，不仅约束了他们的行为，还培养了他们对生活的热爱。这种润物细无声的教育方式，让学生在实践中感悟，在感悟中成长。教师要用赞美和肯定引导学生，激发他们的潜能，培养他们的自信。这种正向的激励方式，让学生在受到鼓舞的同时，也学会了自我约束和自我管理。

适时点赞表扬，激励学生进步

在班会课上，我会经常表扬小悦的正向行为，帮他建立自信。比如，在讨论如何做文明学生时，我在全班同学面前表扬他的进步。文明学生能够努力地改正错误，让自己变得更加优秀。当他不知道该做什么时，我会给他提供建议。比如，小悦比较好动，也喜欢劳动。当他到校比较早，在教室里无所事事，满教室到处转时，我就会问："哪个勤快的小朋友能帮着拖拖地呀？"他高高地举起小手，跑过去拿起了拖把。他拿着拖把顺着走道往前推着跑。我向他摆摆手，耐心地说："老师来教你，看你能不能很快学会。"我教给他冲拖把、挤干净水，再边倒着走边拖地。我示范给他看后，他跟着模仿，做得很像样。我为他竖起了大拇指。在当天的晨会上，我表扬小悦学得快，老师说了一遍，他就马上改正了拖地的方法，而且把地面拖得很干净，为同学们创造了干净舒适的环境，提议同学们一起鼓掌感谢他。小悦听后，很自豪地看着我。以后打扫卫生时，我发现小悦总是主动拖地，早上经常会看到他劳动的身影。当有同学拖地方法不正确时，我会让小悦当小老师示范。

教师及时表扬学生不仅能够增强他们的自信，还能够激发他们的学习兴趣和动力，帮助他们改正缺点，遵守行为规范，成为更好的自己。教师不仅是知识的传授者，更是学生价值观的塑造者。

培养担当精神，树立责任意识

为了培养小悦的责任感，我经常给小悦分派任务，让他当老师的小助手，帮着老师搬作业、发作业，当通讯员。他渐渐地喜欢上了为班级服务。有一次，班里进行大扫除，我发现小悦主动帮同学递抹布、端水，虽然他累得满头大汗，但依然坚持擦玻璃。看到别的同学踩着凳子，他会细心地帮同学扶稳椅子。我到教室巡视的时候，正好与他目光相对。我向他竖起大拇指点赞。

那天大扫除后，我在班里组织了"小悦优点大爆发"活动，同学们纷纷表扬小悦的进步。同学们有的夸他课间不追同学了，有的夸他值日认真，有的夸他帮助同学找到了橡皮，有的夸他给同学分水果……听到同学们的夸赞，小悦都不好意思了。我感受到小悦在慢慢改变，成为更好的自己。一次，他对我说："老师，我会做得更好。"我会时常俯下身与他交流，分享我看到的他的变化，说说我的喜悦心情。他也会谈谈自己的感受。

慢慢地，小悦的责任心明显增强，能够严格遵守纪律，也不那么调皮了。一学期过去了，家长说小悦现在在家里不贪玩了，比以前懂事多了。他会经常和父母分享自己的校园生活。在助力小悦成长蜕变的过程中，我更加深刻地体会到李镇西老师在《爱与教育》中写的那番话："当一个好老师的基本条件是什么？是拥有一颗爱学生的心！"是啊，爱学生，就必须把自己当作学生的朋友，相信他们。有时一个关爱的眼神、一句温暖的鼓励，就能赢得学生的信赖，激发他们的潜能。

通过培养学生的责任感，教师能够引导学生认识到自己在家庭、学校和社会中的角色和使命，明白自己的行动对他人和社会的影响，从而培养他们的责任感和奉献精神。

教育是唤醒，教育是陪伴，教育是静待每一株花积极向上。我会在教育的道路上继续做好育花人，给予他们正确的引导，培养他们的责任感，提高他们的能力，帮助他们走向更加美好的未来。

让花成花，让树成树

徐鑫

在教育的多彩世界里，每个学生都是一颗独特的种子，拥有不同的成长需求和潜力。作为一名班主任，我们如同细心的园丁，肩负着用心灌溉、精心培育这些幼苗的重任。因材施教是我们在教育实践中应当不断探索和实践的核心理念。它要求我们既要传授知识，又要关注每个学生的个性和需求，为他们量身定制教学方案，让每个学生都能茁壮成长。

刚来到我现在的工作单位时，我就听说这个学校的家长对老师（尤其是班主任）的要求比较高，我十分焦虑，畏手畏脚，如履薄冰。一个很有经验的大姐对我说，严格遵行"一碗水端平"的原则，就基本没有问题。所以在工作中，我细心关注每一个学生，努力做到公平公正。但是在公平方面，我依然受到过质疑，比如，有的学生会问我，为什么教育小A时十分严厉，教育小B时和颜悦色，是不是偏爱小B？受到这些质疑时，我的第一反应是反思自己，可能确实在某些方面做得不够好。后来，我细细一想，其实不是的。比如，为什么教育一些学生时间长而教育另一些学生时间短？有的学生我说他几句，他就认识到自己的错误了，甚至痛哭流涕，这样已经起到教育效果了，多说无益。有的学生我说破了嘴他都笑嘻嘻的没有感觉，当然得多说几句才行。

所以说，公平不是绝对的，而是相对的，用最适合学生的方式进行教育就是最公平的。有的学生吃硬不吃软，就得严厉点教育；有的学生吃软不吃硬，就得顺着毛捋。除了这两种类型，还有软硬不吃的，教育这种学生要先努力和他交朋友，再引导他改变。

　　了解学生，是因材施教的前提。每个学生都有其独特的背景、兴趣和学习风格。作为班主任，我们要用心观察、倾听和理解他们。在一次课堂活动中，我注意到班里的小A特别害羞，他在小组讨论中几乎不发言。为了鼓励他，我特意安排了一些他感兴趣的阅读材料，并提前与他交流，鼓励他分享自己的观点。在我的鼓励下，小A逐渐放下心理负担，开始在小组内积极发言。这让我深刻体会到，了解每个学生的个性和需求是因材施教的关键。

　　制订个性化教学计划，是因材施教的关键。在充分了解学生的基础上，我们需要根据每个学生的学习能力和兴趣，制订符合他们实际情况的教学计划和目标。我曾教过一个学习基础薄弱的学生小B，他对数学一直头疼不已。为了帮助他克服困难，我特意降低了数学题目的难度，并结合他喜欢的故事进行教学。慢慢地，小B对数学产生了兴趣，成绩也有了显著提升。同时，我还发现他对音乐有着浓厚的兴趣，于是鼓励他参加学校的合唱团。在音乐的世界里，小B展现出了自己的才华，变得更加自信开朗。这个案例让我明白，个性化教学能够有效激发学生的学习兴趣。

　　关注情感与心理需求，是因材施教不可或缺的一环。除了学业成绩外，学生的情感和心理健康同样重要。有一次，我发现小C因为家庭原因情绪低落。为了帮助他走出阴影，我主动与他谈心并引导他参与课外活动。经过多次交流，小C逐渐敞开心扉，分享了他内心的困扰和想法。我耐心倾听并给予积极的反馈和建议，同时鼓励他参加学校的篮球队。在篮球队中，小C找到了志同道合的朋友，感受到了团队的温暖和支持。随着时间的推移，他的情绪逐渐稳定下来，学习成绩也有所提高。这个案例让我深刻感受到，关注学生的情感与心理需求对于他们的全面发展至关重要。

　　加强家校合作，是因材施教的重要支撑。家长是孩子成长道路上的第一任教师，他们的参与和支持对于孩子的成长至关重要。我曾遇到过一个学习习惯较差的学生小D，他经常不按时完成作业。通过与家长沟通，我了解到，他们因为工作繁忙无法监督孩子的学习。于是，我建议家长与小D一起制订学习计划并定期检查作业完成情况。同时，我也在学校加强对他的督促和指导。此外，我还邀请家长参与学校的家长开放日活动，让他们了解小D在学校的表现和进步。通过家校合作，共同努力，小D的学习习惯得到了明显改善。这个案例让我意识到，加强家校合作能够形成教育合力，共同促进孩子的成长。

因材施教是我们每位小学教师都应该秉持的教育理念。通过了解学生、制订个性化教学计划、创设多元化学习环境、关注情感与心理需求以及加强家校合作等途径，我们能够为每个学生提供适合他们的教育，让他们在知识的海洋中自由遨游，在成长的道路上绽放光彩。

春日暖阳下的心灵守护者

/姜萌

在教育这条既漫长又光荣的征途上，小学一年级班主任扮演着一个至关重要的角色。他们不仅是知识的传递者，更是学生心灵的塑造者和情感的引导者。尽管这份工作充满了挑战和压力，但其中蕴含的喜悦和成就感，却是无法用言语来表达的。

作为一名一年级的班主任，我对能够成为这个职业群体中的一员深感荣幸。我们虽非民警，却需要解决学生之间的小争执；我们虽非医生，却要了解各种健康知识以确保学生的身体安全；我们虽非艺术家，却要创造一个充满想象和创造力的学习环境。这些职责构成了班主任日常工作的重要部分。

春日暖阳：教室里的关怀与成长

在我的教学生涯中，有许多瞬间让我感到无比温暖和感动。记得一次寒假过后，我和学生一起整理教室。班上的一棵绿萝由于长时间没有浇水，已经有些枯萎了。为了给它浇水，我不得不小心翼翼地爬上由桌子、椅子组成的临时"梯子"。正当我内心忐忑不安时，突然听到一个温柔的声音："老师，你要小心哦，不要害怕啊！"回头一看，原来是平时不太活跃的学生曦远。他正用力扶着椅子，小脸涨得通红。这一刻，我既惊讶又感动。

"谢谢你。"我心中暗自感慨，这个平时内向的学生竟然能在这时主动关心我。

其他学生也纷纷效仿，跑来帮我扶稳椅子，关心的话语此起彼伏："老师，千万别摔了，摔下来很疼的。"

"放心吧，孩子们。"我微笑着回应。心中的暖意如同春日的阳光，温暖而明媚。

这时，一个学生紧张地说："老师，您要是掉下来了，我们可接不住您啊！"

我看着他们担忧的小脸，心中涌起一股暖流，心想：这些孩子真的长大了，懂得关心别人了。

"没关系，我会小心的。"我安慰他们，同时小心翼翼地继续往上爬。

这时，小婷突然想到了什么，兴奋地说："老师，我们可以拿一个凳子来给您垫脚，这样您就更安全了！"

我看着她亮晶晶的眼睛，心中感动不已，心想：这个主意真不错，孩子们的智慧真是无穷无尽。

"好主意，小婷。你们去拿一个凳子过来吧。"我赞许地点点头。

孩子们立刻行动起来。不一会儿，孩子们就拿了一个凳子过来。我踩在凳子上，感觉稳当多了。

"好了，我马上就浇完水了。"我告诉他们，同时心中暗自庆幸：有这些关心我的孩子在身边，真是我的幸运。

终于，绿萝得到了充分的滋润，我安全地从"梯子"上下来。孩子们纷纷围过来，关切地问我是否受伤。我笑着告诉他们我没事，心中满是感动和欣慰。

那一刻，我深刻地体会到了作为一名老师的幸福和自豪。这些孩子的关心和爱护，让我觉得自己是这个世界上最幸福的人。

这样的瞬间，不仅让我深刻感受到了学生的成长和变化，也让我认识到教师的影响力和责任。学生一句简单的关心，不仅温暖了我，也让我更加坚定了投身教育的信念。这种从心底涌出的关爱和支持，是任何语言都难以描述的力量。

在那之后，我常常回想起那个温馨的场景，每一次都让我倍感温暖。我意识到，教育不仅是传授知识，更是情感、心灵的交流。在学生的关心下，我感受到了教师这个职业的真正意义和价值。我深深地明白，作为一名老师，我不仅是他们的引路人，更是他们的朋友和伙伴。

在未来的日子里，我将继续用心倾听他们的心声，用爱关注他们的成长，用智慧引导他们走向成功。因为我知道，这些孩子身上蕴藏着无尽的可能性。

心田的绘画：一个学生的艺术天赋与老师的守护

在与学生的相处中，我发现自己也在不断成长。他们的纯真、好奇和活力不断感染着我，使我的内心更加丰盈。尽管一年级班主任的工作极具挑战性，但学生带给我的惊喜和快乐，足以抵消所有的疲惫和烦恼。

一个阳光明媚的午后，学生在操场上追逐嬉戏，他们的笑声如同清泉般洗涤着我的心灵。我坐在长椅上，看着他们无忧无虑地玩耍，心中涌起一股暖流。这时，一个学生气喘吁吁地跑过来，问我："老师，您看我画的像不像您？"他眼中充满了期待，小心翼翼地举起手中的画。那是一个笑容满面的我，站在一片生机勃勃的绿色森林中。

我接过画时，心中涌起了一股温柔的感动。我有些哽咽地说："像，非常像。你真是个小画家。"学生的眼睛亮了起来，他的笑容如同春日里最温暖的光芒。他激动地说："老师，我真的很喜欢画画。每次画画的时候，我就会感到很快乐。"

我看着他，心中充满了感动和喜悦。这个学生有着独特的天赋，他的画作展现出了他内心深处的世界。我暗自思忖，作为他的老师，我要努力去引导和鼓励他，帮助他发掘自己的潜力，追求艺术梦想。

"你的热爱和努力会让你成为一名出色的画家。"我温柔地说。希望他能够坚持自己的梦想，不断追求自己的艺术之路。学生重重地点点头，眼神中闪烁着坚定的光芒："我会努力的，老师。我希望能够画出更多美丽的作品，让大家都能够感受到艺术的魅力。"

我看着他，心中充满了期待和祝福。这个学生有着无限的潜力和可能性，我相信他一定能够实现自己的梦想。我暗自下定决心，要成为他艺术道路上的支持者和引路人，为他提供更多的机会，让他的才华得到充分展现。

"加油，孩子。我相信你会成为一名伟大的艺术家。"我鼓励他说，心中默默地为他祈祷着。学生看着我，眼中闪烁着感激和敬仰的光芒："谢谢老师，您的支持和鼓励是我最大的动力。"

我微笑着拍拍他的肩膀，感受到了师生之间深厚的情感和信任。这个孩子不仅是一个学生，更是我心中的骄傲和希望。我庆幸能够成为他的老师，见证他的成长和进步，为他提供帮助和指导。

这些瞬间如同一首优美的诗，永远留在了我的心间。它们让我深刻地体会到作为一名老师的幸福和自豪。学生的关心和爱护，让我觉得自己是这个世界上最幸福的人。他们的成长和进步，是我最大的动力。我愿意一直陪伴在他们身边，为他们指引前行的方向，用爱关注他们的成长，用智慧引导他们走向成功。

总之，作为一名小学一年级的班主任，我深知自己责任重大。每一天，我都在努力营造一个温馨、包容、积极的学习环境，帮助学生健康成长。这份职业虽平凡，却高尚。它不仅要求我们具备专业的教育技能，更需要我们有一颗温暖、坚韧的心。

心灵的桥梁

刘霞

新学期刚开始，阳光透过教室的窗户，洒在了每一张稚嫩的脸庞上。二年级的教室里，学生的笑声此起彼伏，他们对新学期充满期待。然而，在角落的位置上，小K静静地坐着。他的眼神里没有像其他学生那样的光彩，只有淡淡的忧郁和疏离。

我要走进他的心

布置完新学期的第一项作业后，我的目光落在了小K的身上。我注意到了这个学生的不同寻常。他沉默、孤独。小K的父母在他很小的时候就离婚了。这对于一个低年级的学生来说，无疑是一次巨大的心灵打击。

课间休息时，学生纷纷涌出教室，只有小K依旧坐在那里，仿佛被世界遗忘。我走过去，轻轻地问："小K，你喜欢画画吗？我们可以一起画一幅美丽的风景。"小K抬起头，眼中闪过一丝惊讶，随即低下头，轻声说："我不会。"

我没有放弃，我知道这是一个漫长的过程。我需要用耐心和爱心慢慢打开小K的心扉。我决定要努力成为小K的朋友，帮助他走出阴霾，重新找到童真和快乐。

随着时间的推移，我更加细心地观察着小K。我发现，每当有家长来接其他孩子放学时，小K总是默默地收拾书包，独自一人踏上回家的路。他的眼神中透露出对同伴家庭团聚情景的羡慕。

课堂上，小K的表现也引起了我的注意。他坐在教室的最后一排，似乎在用这种方式与同学保持距离。老师提问时他从来不主动举手，即使被点到名，他也用简短而低沉的声音回答，生怕引起别人的注意。我的心里不禁涌起一股酸楚。我知道，小K的心中充满了不安和自卑。

有一次，我在课后留下小K，试图与他交谈。我轻声问道："小K，你愿意告诉我，你在想什么吗？"小K低着头，摆弄着自己的手指，沉默了好一会儿，才小声说："我……我不知道。"他的声音中带着一丝颤抖，眼神躲闪。

我没有逼迫他，而是轻轻拍了拍他的肩膀，给了他一个温暖的微笑。我知道，小K的心灵之门紧闭已久，需要的是时间和信任的钥匙。我决定，用更多的耐心和细心关照这个孩子，让他感受到学校是一个充满爱的地方。

不放弃厌学的他

树叶由绿转黄，最终飘落，就如同小K的心情，从起初的期待逐渐转为失望和冷漠。他的厌学情绪越来越明显，作业经常不完成，上课时也总是心不在焉。

有一天，数学课上，我发现小K的座位空着。我四处寻找，最终在操场的角落里找到了他，他一个人默默地堆着落叶。我的心揪了一下，我知道，小K的行为背后隐藏着他对现实的逃避和不满。我没有责怪他，而是坐在了他的身边，轻声说："小K，秋天的落叶很美，但你知道吗？每一片落叶都孕育着新生命的希望。"小K抬起头，眼中闪过一丝疑惑。我继续说："就像你，虽然现在遇到了一些挫折，但我相信你一定能够找到属于自己的春天。"

那天之后，我开始尝试用不同的方法吸引小K的注意力，让他重新对学习产生兴趣。我在课堂上讲一些有趣的故事，让学生进行角色扮演，甚至特意为小K安排了一些他擅长的任务，比如整理图书角的书籍，或是协助记录班里植物的生长情况。慢慢地，小K在我的鼓励下有了些许改变。他不再那么频繁地逃课，偶尔也会在课堂上回答问题。我看在眼里，喜在心头。我知道，小K的心灵之窗已经微微开启，阳光正在努力地透进去。

架起心灵的桥梁

冬日的寒风中，我的关怀如同一缕温暖的阳光，照亮了小K灰暗的心房。我没有放弃任何一个可以接近小K内心的机会，无论是在课堂上的互动，还是课后的关心问候，我都尽力让小K感受到班级就像一个大家庭，每个人都是彼此的支持。

有一天放学后，我特意留下小K，对他说："小K，今天的数学课你听得很认真。我觉得你很有天赋。"小K听到我的表扬，显得有些惊讶，他不太习惯这种直接的表扬和关注。

我还经常利用课余时间与小K进行深入的谈话，询问小K的感受，倾听他的心声，并给予他积极的反馈和建议。小K逐渐敞开了心扉，开始向我吐露他的烦恼和困惑。午休时间我陪小K一起玩他感兴趣的游戏，比如拼图和棋类游戏。在游戏中，小K能够放松自己，展现出孩子应有的活泼和聪明。我发现，小K的笑容越来越多，他的眼中也开始闪烁着光芒。

随着时间的推移，小K在我的循循善诱下，变得更加自信和开朗。他不再那么抗拒与同学交流，也更愿意参与集体活动。我很欣慰，知道小K正在一步步走出阴影，向着阳光的方向迈进。

春天的脚步悄然而至，校园里的花儿竞相开放，带来了生机与希望。小K在我的关怀下，像冬日里沉睡的种子终于迎来新生。他的变化不仅体现在学习上的进步，更在于他与同学之间关系的改善。我注意到，小K开始主动与同桌交换作业本，互相讨论问题。课间，他不再是一个人孤独地坐在角落里，而是加入了同学们的足球游戏，尽管他踢得并不熟练，但脸上洋溢的笑容如此真挚。

有一天下午，我组织了一次班级活动，让每个学生分享自己的兴趣爱好。轮到小K时，他站了起来，虽然声音仍旧有些颤抖，但他讲述了自己对绘画的喜爱，以及在家里画的一些作品。同学们听得津津有味，纷纷鼓掌称赞。那一刻，小K的脸上绽放出了前所未有的光彩。

随着时间的推移，小K和我的关系越来越亲密。他开始主动找我聊天，分享自己的小秘密和日常点滴。我也乐于倾听，给予他指导和鼓励。在我的陪伴下，小K的心灵之桥搭建了起来，连接起了他的内心世界和外部世界。

自信开朗的他

我看着小K一天天获得进步，心中无比欣慰。我知道，这座心灵的桥梁不仅是我和小K之间的，更是小K与整个世界之间的。通过这座桥梁，小K能够勇敢地走向未来，迎接每一个新的挑战。夏日的阳光洒满了校园，学生的笑声在空气中回荡。小K也已经成为他们中的一员，他的改变让所有人感到惊喜。他不再是那个总是独自一人的孩子，而是变成了一个活泼开朗、乐于分享的小朋友。在我的鼓励下，小K开始在学校的阅读角担任小小图书管理员的角色。他会认真地整理书籍，向同学推荐好看的书籍，甚至还会给大家讲书中的故事。他的表达能力越来越强，同学们都喜欢围在他身边听他讲故事。有一天放学后，我邀请小K到办公室帮忙整理资料。在这个过程中，小K突然开口说："老师，您知道吗？我现在真的很快乐。以前我总是觉得自己是一个人，但现在我并不孤单。"我听着，眼眶不禁湿润了。我知道，小K已经走出了阴影，找到了属于自己的位置。随着时间的推移，小K和我之间的关系越来越好。我们不仅是师生，更像是无话不谈的好朋友。小K会告诉我他的小秘密，分享他的快乐和烦恼。而我则始终是他最坚实的后盾，给予他无限的支持和关爱。

故事以小K在学校举办的才艺展示中大胆表演魔术的场景为高潮。当他成功地完成了最后一个魔术动作，全场响起了热烈的掌声。小K的脸上洋溢着自信的笑容。他知道，这一刻的光辉是属于他的，也是他和我共同努力的成果。

画笔下的春天

宋祥玉

　　孔子在《论语·先进》中说,"求也退,故进之;由也兼人,故退之。"意思是冉求做事畏缩不前,所以鼓励他大胆向前;仲由做事不够慎重,所以约束仲由做事谨慎。同一个问题,因为学生的个性不同,孔子的回答就不一样,这就是因材施教。要善于找到学生的特点,才能有针对性地因材施教,因此深入地了解学生,找到他的特点就显得尤其重要。

　　教育心理学中有个著名的皮格马利翁效应,是说你不停地夸奖一个人,这个人就会朝向你夸奖的方向发展。所以,在学校教育中,如果老师能找到学生的个性天赋,并能找到适合学生个性发展的道路,就要鼓励夸奖,坚持下去。这就是教育的良策。

　　小梅是一个有些内向的女孩,总是沉默寡言,不经常与同学交流,上课很少举手回答问题,课间休息时经常一个人无所事事地走着,上体育课小组活动时,她也会被排斥在外。慢慢地,她在同学中变得格格不入。后来上课时,她偶尔会发出怪声,引起同学的注意,扰乱课堂纪律。有好几次,班长带着她来办公室找我,说任课老师实在忍受不了她了。小组值日的时候,她常常逃避安排给自己的任务,只是拿着扫帚走来走去,让其他同学感到不公平。但当老师奖励其他同学的时候,她又会有心理落差,不能接受自己没有奖励的事实。

　　经过长时间的观察以及与其他任课老师交流,我发现小梅只是不太善于用言语表达,但她有自己的表达方式,那就是画画。她很喜欢画画,她的各科成绩可能不尽如人意,但是她的画作经常是班里最好的。她的画中充满了生动的线条和丰富的色彩。一个女生的画中充满了色彩，那她肯定是一个内心特别丰富的女孩。这些丰富的色彩就是她情绪表达的窗口。

发现了她的这一天赋后，我与小梅的家长进行了电话沟通，分享了对小梅绘画才能的观察，并建议家长支持小梅的这一兴趣。小梅的家长表示很吃惊，孩子平时喜欢涂涂画画，但他们并没意识到那是她的天赋所在，而她的这一天赋也没有得到充分重视和培养。于是，我决定进行家访，深入了解小梅的家庭环境和她的内心世界。

在家访中，我了解到小梅的爸爸是个设计师，但因为工作太忙，经常没有精力照顾孩子，小梅的妈妈工作并不忙，但脾气暴躁。因此，在平时的教育中，妈妈刻意控制了自己参与的时间。我建议家长为小梅提供一个更加自由的绘画空间，并鼓励她参加学校的美术社团。我在班里为小梅创造了一个展示平台，让她有机会在同学面前分享自己的作品。另外，我还把她的画作发到班级公众号上，让更多人了解她的美术天赋。在学校美术社团，小梅的美术作品得到了其他班级同学的夸赞。这帮助小梅逐步找到了自信。

在家访中，我建议小梅的父母在孩子面前适当控制一下自己的情绪，不要让情绪左右了自己，把控了孩子，可以定期走出家门，参加户外活动，在社会活动中增强家庭的凝聚力。孩子父母接受了我的建议，选择参加更多的户外活动来释放情绪、增进感情。父母经常带着小梅去爬山，去海边玩。户外运动的增加让小梅的性格开朗了许多，一家人的感情也增进了很多。我告诉小梅每当她感到想哭、生气甚至想摔东西时，可以用画画的方式表达自己，这样既可以抒发情绪，也可以创作更多的作品。小梅接受了这个建议。

因为小梅有绘画天赋，我与小梅的父母鼓励她参加一些美术比赛。不久，小梅的绘画作品在学校的一次美术展览中获得了奖项。这让她感到十分自豪。同学们对小梅刮目相看，她的作品成为全班的骄傲。小梅逐渐学会了通过绘画来合理释放情绪，她的课堂行为和人际交往有了显著的改善。

在这个过程中，小梅不仅学会了如何更好地与他人沟通，还逐渐融入了班级。她开始积极参与小组合作活动，也会有人主动邀请她加入。她真正成为班级中的一员。她的转变就像她画笔下的春天，充满了生机与希望。

小梅只是千万学生中的一个，刚入学的时候，她在班里的"生存空间"

狭小。如果任由其发展，到了中高年级，她可能会遇到更多困难。这个时候需要老师介入，拉她一把，让她找到属于她的天地。她的绘画天赋就是她的阳光，只是之前一直被乌云笼罩，老师需要帮助她拨云见日，让更多人看到她、认可她。我很庆幸自己找到了她的阳光，让她迎来了自己的春天。

作为教育者，我们要找到每个学生的闪光点，找到适合他们的教育方法，引导他们走向更加美好的未来。

篮球赛上的团结课

徐鑫

我是一名小学班主任，也是一个体育迷，喜欢各式各样的体育运动。我一直相信体育运动在塑造学生永不言弃、吃苦耐劳等品质和团队协作精神方面有着不可替代的作用，所以我一直尝试在体育方面给学生带来不一样的精彩。

在所有的体育运动中，我最喜欢、最擅长的就是打篮球。这项充满激情的运动，成为我们班级文化的一部分。每当我们班的学生学习累了想要放松放松，我都会带他们到操场上投投篮，分组对抗一下。这不仅让学生学会了打篮球的技巧，还培养了他们永不言弃的精神和在比赛中互相支持和鼓励的优秀品格。

让我印象最深刻的是我带着第一届学生参加的第一次校级篮球比赛。为了准备这一次比赛，我和所有篮球队员都付出了很大的努力。

第一场比赛是在一个温暖的春日午后。阳光洒在操场上，我们班的篮球队正在为即将到来的比赛做最后的准备。从学生热身的动作到他们紧张的表情，我能感受到这场比赛对他们来说多么重要。

比赛开始前，参赛队员都很紧张。一个女孩问我："老师，我害怕怎么办？"我说："害怕就大声叫出来，叫出来以后你的对手会比你更害怕。"比赛开始时，我和所有队员一起击掌大喊"六三加油"。他们喊的声音特别大，好像他们真的没有那么害怕了。

比赛过程中，有一个回合，刚才的女孩和对手一起抢球。我们班的这个女孩个子很小，力气也不大，其实她抢不过对手，但是她真的听取了我的建议，大声喊："啊！啊！啊！"结果对手真的吓得松了手。这件事惊动了裁判。裁判鸣哨吹停了比赛，并提醒我们班的队员控制一下情绪。

　　我虽然表面上很淡定，但是心里美滋滋的，因为我觉得自己将能量传递给了学生。事后这个队员还对我说："老师，您教我的办法真管用。"后来这件事也成了那次篮球赛的一个笑谈。在所有队员的共同努力下，我们顺利取得了第一场比赛的胜利。

　　随着系列比赛的进行，我们班的学生渐渐找到了自己的节奏。大家一路过关斩将，顺利杀入了决赛。

　　决赛时，我们遇到的对手异常强大。他们的队员各有特点，有的队员虽然身材矮小，但是控球能力和运动能力很强；有的队员身材高大壮实，站在内线里就像一堵墙一样。对方一开场就给了我们很大的压力，使我们比分一直落后，但好在我们的队员没有放弃。我在场边不断地提醒他们注意站位和传球的时机。"记住，要相互支持，保持沟通！"我喊道。随着时间的推移，队员的传球更加流畅，他们的配合越来越默契，每一次目光交流都充满了信任。

　　最激动人心的时刻发生在第四节。我们尽管落后了几分，但并没有放弃。他们更加积极地跑动，更加精准地传球。当比赛还剩下最后几分钟时，我们班的小前锋在半场抢断后，一路带球冲到篮下，一个漂亮的上篮。球进了！我们得分了！

　　最终，我们以微弱优势获胜。当终场哨声响起，所有的队员冲进球场，紧紧拥抱在一起。我看到他们脸上挂着汗水和笑容，我知道，这场比赛他们不仅赢得了分数，更赢得了难能可贵的团结和友谊。

　　篮球赛之后，我发现班里的氛围发生了变化。大家变得更亲密，更和谐，不再像是普通同学之间的关系，更像是经历了生死大战的战友。大家不仅在学习上互帮互助，而且在生活中更加关心彼此。作为他们的班主任，我深感欣慰。因为我深知，真正的教育是让每个学生都能在爱与被爱中找到他们的位置，是让他们在面对困难时能够凝聚成一股力量，勇敢地去面对。

　　这场篮球赛是我给学生上的一堂生动的团结课。我希望他们能记住这次经历，带着这份团结和勇气，去迎接生活中的每一个挑战。我是小学班主任，也是这群"未来战士"的篮球教练。在教育的道路上，我将继续用我的方式引导他们前行。

亦师亦友，携手同行

/ 王帅

很多年前读过梁实秋先生写的一篇文章——《我的一位国文老师》，其中那位其貌不扬的徐老师给我留下了深刻的印象。徐老师擅长诵读，虽然它的腔调不美，但"他念得有腔有调，有板有眼，有情感，有气势，有抑扬顿挫，我们听了之后，好像是已经理会到原文的意义的一半了"。徐老师改作文大刀阔斧，毫不吝啬。"如果我以后写作文还能不多说废话，还能有一点点硬朗挺拔之气，还知道一点'割爱'的道理，就不能不归功于我这位老师的教诲。"

表面很凶的徐老师坚持着对教育责任的心灵守望，删改之间可窥见其敬业精神和对学生的关爱。难怪梁实秋会在文章开头写道："他给我的印象最深，使我受益也最多，我至今不能忘记他。"

梁实秋先生的这篇文章，给了我很多班主任工作的启发。一名班主任要面对不同的学生，首先要做到的就是平等地对待学生并给予学生无私的爱。每个学生，无论智商高低，无论是安静听话还是调皮捣蛋，都十分需要班主任的尊重和爱。老师的爱是照亮学生心灵窗户的一盏烛光，给予他们前行的动力。

2011年的第一场雪

那天，我正在上语文课时，教室外面下起了纷纷扬扬的大雪。北方的孩子虽然对雪并不陌生，但也有着特殊的情怀。这时，学生的注意力早已不在教室，而是在窗外飘着的雪花上。

去操场玩雪，这何尝不是另一种学习的方式？是一次老师与学生、学生与学生感情交流的好机会？想到这里，我果断结束正在进行的语文课，带着学生来到操场。他们高兴极了，不敢相信我会用宝贵的语文课时间带他们来玩雪。

我兴奋地说："同学们，今天我们就把课堂搬到操场上。在这场大雪里，让我们尽情地撒欢吧！"学生顿时欢呼起来。雪越下越大，操场上的雪也越积越厚，我和他们玩起了打雪仗的游戏。小东同学做了一个大大的雪球，趁我不备，"砰"的一声砸到了我的身上。其余的学生顿时傻了眼，也许他们心里会想：小东可真是胆大包天，竟然敢把雪球砸到王老师身上……

我看着他们呆住的样子，大喊一声："来呀！教室外面不论老师和学生，都是朋友。"这下可好，学生们大胆起来，把一个个雪球向我扔来。我也迅速拉了一伙"自己人"制造雪球，奋力抵抗。我和学生的欢声笑语响彻校园，吸引了其他班级的学生。他们投来羡慕的目光。

游戏结束后，班里的学生意犹未尽，他们围到我的身边来，有的说："王老师，没想到您打起雪仗来还挺厉害！"有的说："王老师，今天太高兴了，谢谢您给我们这样的机会，其他班的同学可羡慕了！"还有的说："王老师，今天我才知道，原来您也不像平时那样严肃，还是挺随和的。"

一场简单的打雪仗游戏，拉近了我与学生的距离，让我走进了他们的内心。班主任与学生的距离越近，彼此之间的了解才会更深。

我的"同桌"小鹏

在我的班里，曾有一个特别调皮的学生，他叫小鹏。小鹏在上课的时候安静不了几分钟，我试了很多办法都没有效果。后来，我突发奇想：那我就和他做同桌吧，时时关注他，也许会好一些。

于是，我在小鹏的桌子旁边搬来一张新课桌。只要一有时间，我就会和他一起上课。在课堂上，我只要发现他手里玩东西，就会用笔敲敲桌子提醒他，他就会意识到自己做得不对，马上坐端正。同时，我还会鼓励他大胆举手，表达自己的想法。

其实小鹏是个很聪明的孩子，有好几次他的发言获得了任课老师以及其他同学的热烈掌声。慢慢地，我帮他找回了自信。他改正了上课随意说话、玩东西的坏习惯，他的学习成绩也在稳步提升。

　　后来经过观察我还发现，小鹏的体育特别棒。于是我选他当体育委员，还告诉他，当了体育委员，就要时时刻刻起好的带头作用。结果他就像变了个人一样，不仅能带好队，上课时的纪律也比以前好了，甚至我不坐在他旁边的时候，他也能管住自己了。

　　同时，在我俩做"同桌"的这段日子里，我和小鹏建立了深厚的友谊。当我在他旁边批作业，红笔没水的时候，他会以最快的速度拿出他的红笔，放在我的面前，并朝我眨眨眼睛。我会向他投以感激的一笑。下课后，他也会自觉地帮我把全班作业整理好，等等。慢慢地，小鹏不再是班里调皮捣蛋的孩子，他变成了一名品学兼优的好学生。

　　这一招获得了其他老师的认可，他们纷纷向我表示，让我多和上课坐不住的学生成为"同桌"。由于搬家，小鹏的妈妈提出要给他转学，但他说什么也不肯去。妈妈问他为什么时，他说："我走了就再也见不到王老师了。"妈妈说："等你长大了，总有一天会离开王老师的。"可他却说："王老师去哪儿我就去哪儿，王老师不走我就永远跟着她。"当小鹏的妈妈把他的话告诉我时，我十分感动。他只不过是一个小学四年级的孩子，那一句句看似稚嫩的话语却闪烁着他对我的爱。

　　作为一名教师，我感受到了深深的幸福，也体会到，要改变一个学生，靠硬手腕是不行的，重要的是要发自内心地关爱学生，以及设身处地地为学生考虑，让他们感受到老师的爱，这样的教育才能达到润物细无声的效果。

　　有人说爱之于教育，犹如水之于池塘，没有水的池塘不能称之为池塘，没有爱的教育同样不能称之为教育。20年的班主任经验告诉我：只有尊重与爱，才能取得学生的信任；只有尊重与爱，才能发现学生的潜能；只有尊重与爱，才能温暖学生的心灵。

　　20年的班主任工作，不求轰轰烈烈，但求无愧于心。多少年之后，如果我的学生在回忆起我时也会说"她给我的印象最深，使我受益也最多，我至今不能忘记她"，那将是我作为一名班主任最大的成功与幸福！

用关爱点亮希望之光

/姜萌

在教育的道路上，我深切体会到学生的成长需要学校、家庭和社会的共同努力。特别是对于多动症学生来说，他们需要更多的关注和支持，才能茁壮成长。

今年的开学典礼上，我站在教师队伍中，目光扫过一张张熟悉的面孔。突然，一张新面孔跃入了我的视线。他叫小峰，是来自隔壁学校的一名转学生。小峰的与众不同几乎一眼就能看出。每当他坐在座位上，他的手就像是有自己的意识一样，不停地摆动，仿佛在演奏一场无声的交响乐。他的脚时而轻轻踢踏，似乎在跟随一个只有他自己才能听见的节奏。他的眼神总是游移不定，像是被一阵无形的风吹拂，不时会被窗外的风景或者其他同学的动静所吸引。

起初，我和班里的其他同学都对小峰的行为感到困惑。在课堂上，他的身体似乎总是无法静止，会不自觉地分神。他的手指会在桌面上轻轻敲击，好像在弹奏一首无声的乐曲；而他的脚则在不耐烦地晃动，时不时地踢到桌腿，发出轻微的响声。有时，他会突然从座位上站起来，像是被弹簧推动一般，快速走到窗边，将额头贴在玻璃上，观察外面的世界，完全无法集中精力听讲。

小峰的这些行为让我们这些习惯于安静学习的人感到不解。有的学生眉头紧锁，不理小峰；有的学生窃窃私语，用手遮住嘴巴，用异样的眼光偷偷打量他；有的学生夸张地模仿他的动作，引来一阵低低的笑声。小峰似乎意识到了这些目光，他的肩膀微微缩起，头也低垂下去，那双不停摆动的手渐渐放慢了速度，显得有些局促不安。这样的场景让我感到心痛。我知道，小峰需要的是理解和帮助，而不是误解和排斥。

随着时间的推移，我注意到小峰在课堂上的小细节。每当他的行为引起其他同学的注意时，他的脸上总会闪过一丝羞愧和不安。我越来越发现，小峰并不是要故意影响课堂秩序，也不是不愿意学习，而是他的多动症让他的身体和注意力难以控制。他的每一次冲动、每一次分神，都是他与自己的本能做斗争的表现。这让我开始思考，如何才能更好地帮助小峰适应新的学习环境，如何让班里的其他同学理解和接纳他。

静谧角落里的成长奇迹——小峰的学习之旅

我着手为小峰量身打造一个更为灵活和多元的学习环境，希望能为他提供最佳的学习体验。我在教室的一角精心布置了一个安静的学习区域。这里被书架和隔音板巧妙地隔离开来，远离了教室中央的喧闹，减少了噪声对他可能产生的干扰。在这个角落里，小峰能够更好地集中注意力，沉浸在自己的学习世界中，从而提高他的学习效率。

我在他的学习区域铺上了一块柔软的地毯，让他在学习时能够舒适地坐在或跪在上面，减少了他因长时间保持同一姿势而可能产生的焦虑。我还特意在他的座位旁放了一大盆鲜绿的植物，那是一盆茂盛的吊兰，叶片翠绿，生机勃勃。这不仅为他的桌子增添了一抹生机，也让他能在听课时望向那片绿意，缓解焦虑，平复心绪。"小峰，你看这里，我们为你准备了一个特别的学习角落。"我指着他新的学习区域，微笑着说。"哇，老师，这里好漂亮啊！"小峰兴奋地环顾四周，眼睛里闪烁着好奇的光芒。

每次上课时，我都会特别留意小峰的状态。我的目光不时扫过他，每当我察觉到他有些不安，手在桌子下不停扭动，或者眼神开始游移时，我就会轻轻走到他身边，轻声问道："小峰，是不是有点坐不住了？要不要起来活动一下？""好的，老师。"小峰有些不好意思地回答。"去帮我把那个教具拿过来，好吗？"我给他分配了一个小任务。"没问题！"小峰迅速起身，愉快地去完成任务。他可以在活动中释放那看似无穷的精力。

为了吸引他的注意力，我还引入了各种互动教学工具。我使用了高清的投影仪，将课堂内容以动画和图表的形式展示出来，那些色彩鲜艳、动态的画面立刻吸引了小峰的目光。我还会设计一些课堂小游戏，让小峰和其他学生都能更直观地学习课程内容，从而更积极地参与课堂。

正如罗洛·曼恩所言："每个孩子都是一个宝藏。"我也意识到，像小峰这样特别的孩子，他们更加需要的是理解、关爱和有针对性的教育方法。我开始让他参与一些符合他个性和兴趣的小组活动，比如科学实验小组和户外探索俱乐部的活动。这些活动既适合他的特点，也能帮助他展现自己的优点。通过参与这些小组活动，小峰不仅能学会如何与人合作，培养团队精神，同时也能在轻松愉快的氛围中找到属于自己的舞台，展露他独特的闪光点。在他的笑容中，我看到了自信和满足，那是我作为教师最珍贵的收获。

勇气与成长的交响曲——小峰的数学之旅

在课堂教学中，我一直秉持营造充满关爱和包容的班级氛围的理念。那天，我们正在学习"平均分的方法"。当同学们围绕"有16只小松鼠，每几只一组，能分成几组？"这个问题展开讨论时，大家纷纷举手发言，场面异常热烈。大家都在努力确保每组都是公平的。然而，这时小峰突然站起来，提出了一个与众不同的想法。他的声音略显紧张，但眼神中透露出坚定。他勇敢地表达了自己的观点，与大家的方法截然不同。

面对这种情况，我首先微笑着鼓励小峰，然后引导其他同学用掌声对小峰表示理解和支持。我耐心地告诉他们："同学们，犯错是人生的常态，我们要学会从错误中汲取经验。小峰勇敢地站起来分享自己的想法，这种精神值得我们学习。"同学们纷纷点头，表示认同。

课后，我找到小峰，在一个安静的角落与他进行了一次交流。我耐心地听他讲述在课上出现错误的原因。我给予了他一些建议，帮助他更好地准备和表达。同时，我鼓励他不要因为出错而气馁，要勇敢地尝试和练习。

我握住小峰的手，对他说："失败并不可怕，重要的是我们要从中学到经验，不断进步。我相信你一定能行！"小峰的眼神逐渐坚定，他用力点了点头，仿佛找到了前进的动力。

在接下来的日子里，小峰学会了如何从错误中汲取经验，树立了正确的学习态度，数学能力也有了显著提高。他变得更加自信，课堂上踊跃发言，与同学互动频繁。这件事给了小峰一个宝贵的教训，也让他坚定了奋斗的决心。

同时，学生之间的互动也让整个班级形成了关爱和包容的氛围。同学们纷纷向小峰伸出了友谊的橄榄枝，让他感受到了班级的温暖。在同学与同学之间的温暖互动中，小峰的学习状态得到了改变，全班同学也更加团结友爱。这个充满爱的班级正携手共进，迈向美好的未来。

跳跃中的成长——小峰的勇气与飞翔

在课外活动时，我注意到小峰在各项运动中的表现与同龄孩子有显著差异。我轻声地对旁边的同事说："你看，小峰运动时的动作似乎有些吃力，我们得找个办法帮帮他。"无论是听从口令站队、整齐划一行走、轻快跑步、规范做操，还是跳绳等运动项目，小峰的动作总是显得有些笨拙。我温柔地对他说："小峰，别着急，慢慢来，你可以的。"

小峰走路时脚步不稳，时常会因为失去平衡而摔倒；在需要手眼协调的活动里，他的动作总是慢半拍。我鼓励他："小峰，眼睛要看准，手要跟上，我们一起再来一次。"在力量控制方面，他似乎总是难以找到合适的平衡点，要么用力过猛，要么力度不足。我耐心地指导他："试试看，用一点点力，就像抚摸一朵花瓣那样轻柔。"

为了帮助小峰克服跳绳的困难，我投入了大量的时间和精力陪伴他一起训练。在阳光明媚的操场上，我一边示范一边说："看我的手，是这样摆动，脚要轻轻跳起来。"每当跳绳打结，小峰的脸上就会写满沮丧，我用温暖的声音安慰他："没关系，小峰，每个人都会遇到困难，我们再试一次，你可以做得更好。"

我们尝试了从简单到复杂的各种跳绳动作，每一次错误的纠正，都伴随着我们的笑声和坚持。汗水从小峰的额头滑落，但他始终没有放弃。我为他加油："加油，小峰，你已经进步了，再坚持一下！"

经过无数次的尝试和不懈的努力，终于有一天，小峰在一次尝试中连跳了35个。我激动地喊道："太棒了，小峰！你做到了！这就是你的实力！"那一刻，他的脸上洋溢着自信的笑容。同学们围拢过来，纷纷为他鼓掌喝彩。我激动地说："看吧，大家都在为你骄傲！"小峰的脸上泛起了红晕，他第一次感受到了成功的喜悦。

这次成功的经历，让小峰变得更加自信和积极。他不再害怕挑战，而是以乐观的态度面对生活中的一切困难。他的转变如同春风，感染着周围的同学，激励着大家向着自己的目标努力奋斗。我对学生说："每个人都有自己的光芒，只要我们相信自己，就没有什么是不可能的。"

我还注重与社会资源的合作，为小峰和其他多动症学生提供更多的关爱和支持。我联系了社区服务中心，共同策划了一系列的活动，如专注力训练小组、情绪管理工作坊，为孩子们提供了一个安全、包容的环境，让他们能够在游戏中学习，在互动中成长。

通过这些努力，小峰在学习和生活中取得了显著的进步。他不再那么容易分心，课堂上的表现也越来越好。他开始主动与同学交流，甚至在小组活动中担任了小领导的角色。他逐渐融入了集体，脸上的笑容越来越多。

小峰的进步影响了整个班级的氛围。同学们对他的理解和支持越来越多，他们一起学习、一起做游戏，班级的凝聚力也得到了增强。在一次班级活动中，我看到小峰和其他同学一起合作完成了一个复杂的团队任务，他的脸上洋溢着自信和满足的笑容。这一刻，我知道，我们的努力没有白费，小峰已经真正成为班集体中不可或缺的一员。

总的来说，家校社合作共育是一个需要全面合作的系统工程。学校、家庭和社会各方需要通力合作，才能给每个孩子营造一个温暖的成长环境。我将继续努力，让学生在充满关爱的环境中茁壮成长！

阳光下的成长

/王伟丽

在教育心理学中，冲突解决不仅是处理学生之间的矛盾，还是一个重要的教育机会，通过这一过程可以帮助学生发展高级认知和情感技能。当班级中学生发生冲突时，如果班主任能够引导他们反省自身的行为和其背后的动机，将有助于他们提升社交技能和个人成长。

一个阳光明媚的午间，操场上发生了一场小风波。我们班的小正和小霖因为一个小小的误会陷入了激烈的争执中。随着他们的声音越来越大，围观的学生也越来越多。就在两人即将动手之际，我在班里一个女生的带领下及时赶到，果断地将他们分开，阻止了情况的进一步恶化。

小正和小霖一个紧握拳头，一个怒瞪眼睛，气势上互不相让。在围观同学面前，我并没有选择立即对小正和小霖进行责备或惩罚，而是采取了一种更加理性的教育方法——让他俩冷静下来。这是学会反思的第一步。

我平静地对他俩说："现在，听王老师的指令，闭上眼睛，深呼吸三次。"他俩一愣，显然未曾预料到班主任会如此平静。诧异之后，他们很配合地照做了。"然后，我们到教室里去把这件事情解决好，可以吗？"我继续说。"好。"他们异口同声地回答。这时候，我已经察觉到他俩已经冷静下来了，于是我和他俩一起回到了教室。

我让他俩坐下，对他俩说："你俩好好反思一下，想一想自己哪里做得不对，如果类似的事情再发生，你俩又会怎么处理呢？把你俩想到的都写下来。"

看得出来，对于这种做法小正和小霖起初是有些抵触的，孩子们往往更习惯通过言语交锋解决问题。然而，当他们开始动笔，将心中的纷乱情绪转化为文字时，他们的心态发生了微妙的变化。

小正在本子上认真地写道："今天我可能有些过激了，当小霖把足球踢到我的腿上后，我应该耐心等待一下，看看他会如何解释，而不应该直接把足球踢到更远的地方去，还朝他大吼。"而小霖在本子上写道："起初我并不想争吵。我无意把足球踢到了小正腿上，准备去道歉的时候，就看到足球被踢远了，于是我不再退让，我忽视了小正的感受。"

我坐在他俩对面，看完他俩各自写的内容之后，对他俩说："同学之间有冲突是很正常的事，但是冲突之后，王老师希望你们能够反思自己的行为，看看自己的做法是否有不当之处，并在以后的学习生活中经常提醒自己，不再犯同样的错误。王老师很欣慰，你们都是有担当的小男子汉。"

写下对冲突的反思，帮助小正和小霖认识到自己在冲突中所扮演的角色，并理解了对方的立场和感受。这样做能够帮助他俩从自己的情绪中抽离，冷静地反思自己的做法，客观地审视整个事件。

第二天，我在班上召开了一场小型座谈会。在会上，小正和小霖分别在全班面前朗读了自己写的反思，并诚恳地向对方道歉。他们的行为不仅赢得了同学们的掌声，也得到了我的表扬。这次冲突解决过程成为一个生动的教育案例，让其他同学也深受启发。

"勇于面对和反省自我，是我们成长过程中不可或缺的一步。"我在会后总结道。"今天的事件让我们看到了小正和小霖如何通过自我反思找到解决问题的途径，从中我们看到了他俩的担当，这不仅有助于解决当前的冲突，更是个人进步的表现。"

随着时间的推移，班级的氛围因这次事件变得更加和谐。学生学会了在遇到矛盾时先反思自己，班级的凝聚力因此变得更加强大。小正和小霖也由最初的对立者成了无话不谈的好朋友。

这个简单的冲突解决案例，不仅展示了学生在自我反思中的成长，也深刻揭示了教育在塑造学生品格中的重要作用。通过这样的实践，我们期望每一位学生都能在面对矛盾和挑战时，勇于自省，主动承担，成为有责任感的社会公民。

希望这个故事能够启发更多的学生和教育者，认识到反思在解决冲突和促进自我成长方面的重要作用。

有爱，有阳光

/ 徐卫红

瑞典教育家爱伦·凯指出：环境对一个人的成长起着非常重要的作用，良好的环境是儿童形成正确思想和优秀人格的基础。"橘生淮南即为橘，生于淮北即为枳。"价值观念日趋多元化的今天，环境对儿童成长的作用愈加明显，因此家庭、学校、社会应该为儿童的成长提供一个适宜的环境，一个充满关爱和温暖的环境。儿童的成长应该是立体的、全方位的成长，对儿童的教育也应是立体的、全方位的教育。

我曾教过一个学生，刚入学那天他就给我留下了深刻的印象：齐刘海，干净整洁，白净可爱，老师们都很喜欢他。他很懂事，无论是作业还是学校任务，都按时完成。我想这与家庭教育是分不开的。

3年后的开学，我发现他有些改变，作业不工整了，上课开始走神，精气神不如从前。我跟他的母亲交流，她也未说明原因，只是表示回家会教育他。后来他的问题严重到不愿进校门上学。

那次幸亏发现及时，我把他领进了学校。问其原因时，他只是哭，不说话。考虑到有其他老师在场，他可能不想说。于是我把他领到没人的角落问他，他还是不说。看到他紧咬嘴唇、眉头紧锁的样子，我能感受到他的痛苦。我拉着他的手耐心、关切地询问："孩子，是不是身体不舒服？还是做错事，父母打你了？"

"老师，都不是！"他终于开口了。原来他的父母在家天天吵架，也不关心他。他觉得父母不再爱他了。他满脑子都是父母吵架的场景，无心学习，作业也没有完成，怕同学笑话，心情很差，所以不想上学。

我听了他的话，一阵晴天霹雳，没有想到这种事会发生在这么懂事、可爱的孩子身上，他要承受多大的压力！这需要多大的勇气才能接受这一现实！我的眼眶湿润了。我抚摸着他的头，亲切地说："孩子，在学校里我就是你的妈妈。如果有事需要帮助，都可以跟我说，我会为你保密。"

一个十多岁的孩子正处于叛逆期，他已经有自己的想法，但不愿与人交流。这样的状况很让人担心。我决定帮助他走出父母离异的阴影，重新找回那个阳光快乐的男孩。我上网查找资料、翻阅书籍，寻找帮助孩子摆脱困境的现实案例，终于获得了一些有效的方法。

坦诚相告得谅解

我与孩子的父母取得联系，与其交流了他目前的状态，表明我对他的关心和担忧，最终与家长达成共识——帮助他重拾自信。然后我建议孩子的父母尽量避免在他面前互相指责对方的不好，这样做会让他缺乏安全感，也破坏了父母在他心中的美好形象，影响他性格的发展。

同时，我建议家长找个机会跟孩子心平气和地谈一谈，坦诚地告诉孩子他们目前的婚姻状态。父母应让他知道，曾经爸爸妈妈选择在一起是因为相爱，婚姻让他们感到快乐与温暖；可是现在，因为双方的原因，这种婚姻关系变成了一种束缚，所以决定分开。但是这个结果不是因为孩子造成的，希望他能够谅解。

爱不打折多陪伴

在坦诚相告取得孩子谅解的同时，我建议父母明确表达自己对孩子的爱。"即使爸爸妈妈分开了，但你依然是爸爸妈妈最心爱的宝贝。我们对你的爱不会因此而改变，依然无条件爱你。每个周，爸爸妈妈还是会陪伴你一起过周末，我们还是会像以前一样，和你聊天，给你讲故事，关心你的学习和生活。"

我与家长诚恳地对话后，家长很后悔他们当初忽视了孩子的感受。他们会积极配合，弥补对孩子的爱，让孩子体会到虽然爸爸妈妈分开了，但永远是他的好父母，永远是最疼爱他的家人，他会像以前一样幸福、快乐。

师爱助力分忧愁

在学校，我开始更加关注他在学习、情绪、行为等方面的表现。如果发现他有异常变化，我就会主动和他谈心，让他知道老师也很关心他，在学校老师就像他的妈妈一样爱他、欣赏他，任何事情都可以找老师帮忙。我继续让他当数学课代表，当我的小帮手，为同学服务。这样我们多了一些谈话、交流的机会。我会摸摸他的头，亲切地询问他最近学习有困难吗？和爸爸妈妈聊天了吗？和同学玩得开心吗？有没有什么开心的事？也和他讲一些努力走出困境的励志故事。慢慢地，他在我面前不再拘束，有些心里话也会试着和我说，有必要时我会帮他分析，帮他分担，减轻他的疑惑。

班级服务树自信

我让他为班级做事，多鼓励和表扬他，让他知道老师和同学都需要他、他在班里的作用很大，帮他慢慢找回自信。经过大半年的时间，在家长和老师的共同努力下，孩子的状态有了明显的好转。他的脸上洋溢着自信的笑容，他的心态变得更加积极、乐观，学习成绩恢复到了以前的水平。

他勇敢地走出了困境，找回了天真活泼的自己！看到他这样坚强、这样努力，我不禁从心里为他高兴。真是一个勇敢的男孩！我们的付出得到了回报，他的父母也非常感谢老师的关心和付出。

这件事让我看到了家庭和睦对孩子的成长有多么重要。当孩子处于困境中时，我们要用爱温暖他、鼓励他，用爱为他点亮一盏灯，照亮他前行的道路。

教育，不仅是知识的传授，而且是情感的培育与价值观的塑造。在人生的长河中，爱如同一盏明灯，温暖着每一颗渴望成长的心灵。

做一名幸福的点灯人

/徐鑫

在每个班级的"微缩宇宙"里，有一些学生如同夜空中闪烁的星辰，拥有着与众不同的光芒。这些光芒或许微弱，却蕴含着无尽的力量与可能。作为小学班主任，我们不仅是知识的传递者，更是这些星辰的守护者，用我们的关爱与智慧，为他们点亮前行的道路。

对于一部分学生，理解与接纳是最初的温柔。他们或许在学习的道路上跌跌撞撞，或许在情感的海洋里漂泊不定，抑或在行为的世界里探寻方向。然而，正是这些独特之处，让他们成为自己。班主任要深入他们内心的迷宫，倾听那些未经言说的故事，理解那些难以言表的情绪。当我们真正接纳他们的与众不同，便能为他们编织一张安全的网，让他们在班级的怀抱中找到属于自己的位置。

一直特别佩服于漪老师的教育艺术，她特别擅长和学生共情，能够换位思考，从来不埋怨、不责怪，而是细心发现学生身上的闪光点。

扪心自问，面对成绩不如意、淘气好动的学生，我们能做到不埋怨、不责怪吗？很难。毕竟老师也只是普通人，以上的这些想法、做法，大概就是人性的一部分。所以，我们可以这样理解：一个教师修炼的过程，就是磨炼人性的过程，当我们把人性中黑暗的部分都消磨掉，也许就离教育家型教师更近一些了。

想到这儿，我想和大家分享一则我之前一个学生的故事。这个学生叫小A，可能是因为身体有疾病，他会不定时地抽动脑袋，发出奇怪的声音，而且书写不太工整，学习成绩也不太好。他的爸爸妈妈比较忙，不太有时间管教孩子。

说实话，刚开始我不太喜欢这个学生，甚至上数学课这个学生发出奇怪的声音时，我会有烦躁的情绪，有时会因为这件事批评他，因为我觉得他在故意扰乱课堂纪律。同学们也不太愿意和他玩。

某一年运动会，小A代表我们班参加了100米跑的比赛。我和同学们都激动地为他加油，但是我发现小A边跑边抽动脑袋，他逐渐失去了领先优势，但是他依然在用尽全力跑。那一瞬间我是多么心疼这个孩子，同时也被他热爱集体、想为班集体争光的精神深深感动。

这件事后，我专门上网查阅了小A的相关症状，了解到他无论是抽动还是发出声音，自己都无法控制。我真的很心疼这个孩子，想为他做点什么。

所以在后来的学习生活中，我会格外关注小A，偶尔和他聊聊天、谈谈心，了解他的内心动向，想要和他做真正的好朋友。我也会带着他和其他的同学一起玩。和班里的男生一起打篮球时，我会刻意让他和我一队，然后给他创造得分机会，让他体验篮球运动的乐趣，帮助他更好地融入班集体。他对我也越来越依赖，时不时地来办公室和我分享他的趣事。

小A已经毕业多年。他虽然现在和我不在同一座城市，但还是会时不时地和我聊天，聊聊同学们的近况，分享他生活中的趣事。前几天他和我分享健身练出来的麒麟臂。我还跟我的家人炫耀，十分开心。我现在和小A是亦师亦友的关系。

为每一个学生营造一个充满关爱、支持与安全的环境，是我们的责任与使命。班主任要如同春风一般，温暖每一个学生，让他们学会尊重与包容。关爱每一个学生，需要我们用心去感受他们的喜怒哀乐，用爱去温暖他们的心灵。作为小学班主任，我们不仅是教育者，更是学生成长道路上的引路人。

让我们用深情与智慧，陪伴这些星辰般的学生走过春夏秋冬，共同书写属于他们的精彩篇章。在这个过程中，我们或许会遇到挑战与困难，但只要坚定信念、努力尝试，相信学生会在我们的共同努力下，绽放出最为璀璨的光芒。

有一种自信在成长的路上等你

/ 徐卫红

在成长的蜿蜒小径上，每一朵稚嫩的小花都怀揣着对未来的憧憬。它们或许被晨露滋润，或许在风雨中摇曳，但正是这些经历，悄然铺就了通往未来的道路。

羽婧是我曾教过的学生，她很漂亮、可爱，但是学习跟不上进度，平时也很少与老师和同学交流、玩耍，总是独来独往。记得刚开学的课堂上，我提问她，想给她一个展示的机会，可是她坐在座位上不敢站起来，还用手捂着耳朵说"我害怕"。

她的举动让我有些惊讶。我走到她身边，抚摸着她的头说："不用怕，需要我们帮助你吗？"她点点头。同学们自告奋勇地举手想要帮助她。

下课后，我拉着她的小手，夸她很漂亮，说："老师喜欢你，你想在课堂上回答问题吗？"她小声地说："想，但是我害怕。"原来她从小都是在家人的呵护下成长，没有独立在他人面前讲话的经历。

我亲切地说："不怕，有老师在这保护你，不怕。"她"嗯"了一声。我能感觉到她的身体在抖动，但向我这边倾斜了一下。

短暂的对话让我们拉近了距离。课下我会常常和她交流，问她："喝水了吗？今天课堂上有哪些收获？"如果发现她有知识点不明白，我会细心地帮她讲解。我一直用积极的、欣赏的词句与她交流，发现她的闪光点，帮她建立自信。

羽婧的妈妈说她在家里学习很用功，很想在学校好好表现。当老师表扬她时，她高兴得不得了。羽婧是一个很上进的女孩。我小心地呵护着她的自尊心，希望她继续努力，再接再厉。

羽婧从习题册上一片片空白，逐渐转变为能够专注且认真地完成每一道题。对此，我总是不吝给予她更多思考时间，耐心等待。她从没有头绪地答题，到如今能够断断续续地给出答案，每一次进步都凝聚着不懈的努力。而她的成绩，也悄然间从不及格到了及格的门槛，令人十分欣慰。

在这个过程中，我用鼓励的话语为她加油，用信任的目光给予她力量，耐心地陪伴她一步步向前迈进。正如运动场上，运动员奋力奔跑时，那位不离不弃的助跑员始终与她并肩奔跑，在她耳边低语鼓励，关键时刻传授技巧，共同面对挑战，直至共同跨越终点，迎接那份来之不易的胜利喜悦。这份相互扶持与陪伴的力量，无疑是生命中珍贵而美好的存在。

除了在学习方面积极培养羽婧的自信心外，在生活中我会引导她勇于接受挑战，促进她的成长。每当她遭遇困境与挑战时，我会给予她最坚定的支持与最温暖的鼓励，让她深切感受到，无论挑战的结果如何，老师始终是她最坚实的后盾，让她在面对未知与挑战时无所畏惧，自信满满地迈出成长的每一步。

那天中午在学校餐厅，羽婧焦急地走过来跟我说没有盛汤的碗了。我安抚她说："没关系，到邻班借一个吧。"其他的学生可能会很自然地跑过去借碗，但对于羽婧来说这是一个大大的挑战。她往后退着，表示不敢。

我鼓励了她几次，但她还是没有迈出前进的脚步。我需要和她一起面对这个问题。我微笑着说："老师和你一起过去，你和邻班的班主任说，好吗？"我们走了过去，和王老师打招呼："王老师，羽婧有事情需要您帮忙。"王老师亲切地看着她。"羽婧你说吧，你看王老师多喜欢你呀！"我用眼神告诉王老师配合一下。

羽婧微微低下头，脸颊上泛起了红晕。她轻轻地开了口："王老师，您好。我想借一个盛汤的碗。"王老师听后，脸上露出了同意的笑容，她温柔地拍了拍羽婧的肩膀说："羽婧啊，拿去用吧。"说完，王老师还特意看了我一眼，仿佛在用眼神回应我的"配合"请求。那份默契让我的心里也暖洋洋的。

回来后，我向羽婧竖起大拇指，夸赞她勇敢，能够自己解决问题了。听了我的话，她的自信心瞬间得到提升。巧的是，次日再次出现了碗具短缺的情况，而这次，羽婧自信满满地走向我，说："老师，我还可以跟王老师借个碗吗？"我欣然应允，内心充满期待。

我站在一旁，远远地看着她，只见她步伐坚定地向王老师走去。一番礼貌的交流过后，她成功地借到了碗。当她笑容满面地返回时，我毫不犹豫地为她竖起了大拇指，赞许道："羽婧，你能够主动出击，自己解决问题，真是太棒了！"

看着她因成功而闪耀的眼眸，我心中充满了欣慰与喜悦。我意识到，这不仅仅是借到一个碗那么简单，更是羽婧成长道路上一个重要的里程碑。她学会了面对问题时不再逃避，而是勇敢地迈出第一步，寻找解决的方法。

"羽婧，你知道吗？这种主动解决问题的能力，是你未来人生中最宝贵的财富之一。"我轻轻拍了拍她的肩膀，继续说道："生活中总会有各种各样的挑战和困难，但只要你保持这份自信和勇气，就没有什么能够难倒你。记住，无论结果如何，每一次尝试都是一次宝贵的学习和成长的机会。"

羽婧听了我的话，脸上露出了更加灿烂的笑容，眼中闪烁着更加坚定的光芒。她似乎明白了什么，轻轻地点了点头，然后转过身，带着那份新获得的自信和勇气，继续投入她的学习和生活中。

从那以后，羽婧变得更加积极主动了。她不仅在遇到问题时能够主动寻求解决方案，还主动帮助其他同学解决困难。她的变化让周围的人都感到惊讶和欣喜。而我，作为她的老师，更感到无比骄傲和满足。因为我知道，我已经在羽婧的心中种下了一颗自信的种子，而这颗种子，将会在她的成长过程中绽放出耀眼的光芒。

随着时间的推移，羽婧的自信如同春日里绽放的花朵，愈发鲜艳夺目。她不再是那个畏缩不前的小女孩，而是成长为一个敢于面对挑战、勇于探索未知世界的少年。这份自信不仅让她在学习上取得了优异的成绩，更让她在人际交往、兴趣爱好等方面展现出了非凡的魅力和能力。

每当回想起羽婧从最初的羞涩胆怯到如今自信满满的变化，我都深感欣慰。我意识到，作为教育者，我们不仅仅是传授知识那么简单，更重要的是要激发学生的潜能，帮助他们建立自信，勇敢地面对生活的每一个挑战。

浅谈小学生劳动习惯的培养

刘霞

新学期到来，我和学生家长沟通：每周都要留下值日生做值日。为此我特意拿出了一些时间，给每个学生重新强调了各自的分工、卫生标准、打扫卫生时间等细节，然后就开始了按部就班的值日生打扫卫生工作。

就在我为学生的劳动能力大大提高而暗自得意的时候，我发现有几个学生，特别是小R，值日时总喜欢找各种借口逃避，比如身体不舒服、忘记了，或者有社团课需要提前走、和谁调换了，而其他同学则不得不承担更多的值日任务，导致大家对此颇有怨言。

其实不光是小R，班里还有几个学生对劳动这件事情非常抵触，他们会随手扔垃圾，还有几个学生到二年级了还没有学会收拾书包、桌洞。

我觉得这个事情有点严重。我就在想，为什么学生对劳动如此抵触呢？

首先，学生劳动习惯的养成，离不开大人的引导。

我利用课余时间与小R和其他几个不爱劳动的同学进行了开诚布公的交流，了解到他们的想法后，我并没有直接批评，而是用温和的语气告诉他们，每个人都是班级的一分子，值日工作是每个同学都应该承担的责任。通过值日，同学们不仅可以锻炼自己的劳动能力，还能培养责任感和团队合作精神。我鼓励他们去做值日，看看能不能从中找到乐趣。

为了让小R更好地完成值日工作，我特别安排了一位细心负责的同学作为他的值日伙伴，帮助他一起完成值日任务。同时，我还在班里开展了一系列关于劳动美德的教育活动，让学生认识到劳动的重要性。

其实无论是在学校还是在家，爱劳动这个好习惯离不开大人的耐心指导。记得一年级开学初，小G家长与我沟通过小G收拾书包的问题。小G妈妈每天都为帮孩子收拾书包费精力而苦恼。我告诉她，一定要放手，孩子收拾得再慢，也不要帮孩子，可以指导，但是不要动手。经过一段时间的引导，小G收拾书包的能力大大提升，更可喜的是他在家还会做一些力所能及的家务。

劳动习惯的养成需要老师、家长适时地指导，而适当地放手是帮助孩子养成良好劳动习惯的前提和基础。

其次，教育学生热爱和尊敬劳动者，并珍惜劳动成果。

随着时间的推移，小R同学的值日工作做得越来越好，但是他还是不知道珍惜劳动成果。有一次他把水壶打翻了，又扔了很多碎纸屑在地上。大课间其他学生去活动的时候，我把小R留在了教室，陪着他清扫整个教室。他特别难过，以至于泪流满面，哭声响彻整个走廊。我也觉得很难过，但还是坚持陪他打扫完教室。他笨拙地打扫着，抽泣着，最后教室被打扫得干干净净。我们进行了一次谈话，而他也意识到了值日生打扫卫生的不容易，要尊重值日生的劳动成果。

一次午餐后，小R跑过来跟我讲了件事情，我发自内心地笑了：小R告诉我，他发现同学桌子底下有垃圾，他让同学捡起来扔了。他还说，值日生扫地太辛苦了，不能破坏值日生的劳动成果！

是啊，劳动最光荣，只有把这颗种子埋在学生心里，他们长大后才会成为为社会作贡献的光荣劳动者。

最后，帮助学生掌握劳动技能，并树立正确的劳动观念。

有人认为，劳动有高低贵贱之分。学校里的劳动教育，应该纠正这种错误观点，帮助学生掌握劳动技能，树立正确的劳动观念。

每个周五下午最后一节课，是全校卫生大扫除的时间。前期我们根据学生的个人意愿进行了分工，明确了职责。大扫除时，学生带着欣喜投入劳动，并且还发现了把责任区打扫干净的小窍门。我专门空出一节班会课，让学生分享如何把卫生打扫得又快又好，进行劳动技能的经验交流。他们也学以致用，把所学带回家，当家庭卫生的负责人。

因为班级卫生事关每个学生的劳动成果，所以他们乐在其中。每当获得卫生流动红旗时，学生更是兴奋不已，因为这是他们自己的劳动成果。日常学习生活中，每个学生都会积极维护班级的干净整洁，体验着"劳动光荣"

的快乐。

通过劳动，学生可以将学校课本中的理论知识与实践经验结合起来，从而更好地理解知识。

班主任要注重培养学生良好的行为习惯，其中，树立学生的劳动意识、培养学生的劳动习惯，是一件切实可行且需要长期坚持的具体任务。路漫漫其修远兮，吾将上下而求索。

童梦编织者：云朵的奇幻成长

/姜萌

在教育的世界里，我曾有幸邂逅无数独特的灵魂，他们闪耀着各自的光芒。其中，有个学生叫云朵，他留给我的印象十分深刻。他是个特殊的孩子，但那双眼睛依然闪耀着对知识的炽热渴望和对未知的无尽向往。

云朵的成长或许缓慢，但每一步都坚实有力。他让我明白，教育不仅是知识的传递，更是心灵的唤醒、灵魂的升华。

慢半拍的奇迹：云朵与数学的交响曲

洒满阳光的教室里，云朵的世界总是比其他孩子慢半拍。他的语言、记忆、思维，如同五线谱上跳动的音符，需要更多时间和支持才能和谐地演奏出美妙的旋律。过去的一年里，作为他的班主任兼数学老师，我与云朵并肩作战，共同经历了无数挑战，见证了他的每一次微小而珍贵的成长。

之前，云朵的数学成绩不太好。他在计算时像是迷雾中的航船，理解一些复杂的数学概念更像是穿越迷宫般困难。然而，我一直想帮他提高数学成绩。

为了实现这个目标，我用非传统的教学方法为云朵打造了一个数学的奇幻世界。在这个世界里，云朵是一位勇敢的数学英雄，用智慧之剑与各种有趣的数学题目进行"战斗"。游戏化的学习方式让他沉浸在数学的知识海洋中，享受着每一次解题的乐趣。

我用五彩斑斓的实物帮他理解加减法的奥秘，用生动活泼的图画为他揭开乘除法的神秘面纱。我还为他量身定制了一系列有趣的数学游戏，让他在欢声笑语中探寻数学的奥秘。每当他在数学课上展现出聪明才智，解答问题准确无误时，我会送给他一枚闪亮的星星贴纸。这些星星贴纸如同他努力和进步的象征，贴满了他的学习笔记和学习档案，成为他动力的源泉。

随着时间流逝，云朵的数学之旅开启了一段新的篇章。一天，他在课堂上遇到了一个特别难的数学题，其他同学都没有解出来。云朵皱着眉头，手中的铅笔在纸上轻轻敲打，他的眼神中闪烁着好奇和决心。我站在一旁，心中暗暗为他加油。

"云朵，你试试看，用我们之前学过的方法。"我鼓励他。

突然，云朵的眼睛亮了起来，他发现了问题的线索。他开始用我教他的方法一步一步地解题。整个教室都安静了下来，所有的目光都集中在他的身上。当他最后写下答案的那一刻，全班爆发出了热烈的掌声。他的笑容，如同太阳穿透云层，照亮了整个教室。

"老师，我解出来了！"他兴奋地举手，眼中闪烁着自豪。

"太棒了，云朵！我就知道你可以做到！"我激动地回应，心中充满了欣慰。

数学不再是云朵的难题，而是他心中最璀璨的宝石。他的成长，不仅是分数的提高，更是自信和勇气的飞跃。而我，作为他的引路人，也在这段旅程中找到了作为一名教师最宝贵的财富——见证了一个孩子成长的奇迹。

云朵的微笑：在关爱中努力绽放

每个学生都有自己的优点和长处，需要我们细心发现、耐心培育。对于像云朵这样面临困难的学生来说，我们需要给予他们更多的理解和关爱，让他们在温暖的环境中茁壮成长。作为他的班主任，我深知云朵的特殊需求，因此我开始了一场别开生面的"关爱大作战"！

我与云朵的家长和专业人士携手合作，为他量身定制了一份学习计划，以满足他在学习和社交方面的特殊需求。为了让云朵更快地融入班级大家庭，我精心设计了一系列充满趣味的语言游戏。在这些游戏中，云朵可以通过模仿动物的叫声、讲故事和角色扮演等方式锻炼自己的语言能力。这些活动让云朵渐渐找到了自信，他开始勇敢地表达自己的想法和感受。

随着他的进步，我意识到是时候让他面对更大的挑战了。于是，我打算在班里举办一次才艺表演比赛。每个学生都要展示自己的特长，而云朵却感到不知所措。他问我："老师，我能做什么？"我回答："云朵，每个人都有自己的特长，你的特长就是编故事。我相信你编的故事有着独特的魅力，你可以尝试表演一段你编的故事。"

经过一番思考，云朵决定表演一段他自己编的故事。他用自己的语言，讲述了一个关于勇敢的小鸟的故事。虽然他的表达不是最流利的，但他的真诚和勇气感染了在场的每一个人。当他表演结束时，全班同学都为他鼓掌。他的脸上洋溢着自豪和喜悦。云朵是个与众不同的孩子，他虽然面临一些学习和行为上的挑战，但对学校生活充满热情，努力适应班级大家庭。云朵有一些奇怪的举动，比如他会突然大笑，或者在课堂上跑来跑去。这让我和其他学生都感到困扰。我开始观察他，试图挖掘他行为背后的原因。我发现，他的笑声和奔跑，其实是他内心的一种表达，是对这个世界的好奇和探索。他的笑声，是对生活中美好事物的庆祝，是对未知感到好奇。他的奔跑，是对自由的渴望，是对新鲜事物的追求。

我决定不再困扰于他的行为，而是试着去欣赏他的独特之处。我开始鼓励他，让他在课堂上分享他的笑声和奔跑背后的故事。我发现，他的故事充满了创意和想象力，让人感受到了他的纯真和善良。

我告诉他，每个人都有自己的特点，这就是我们独一无二的地方。我鼓励他表达自己的情绪，同时也教他如何控制自己的行为。渐渐地，他学会了控制自己的行为，也学会了如何与同学们和谐相处。

通过这些努力，云朵同学渐渐融入班级，并且展现出了积极的学习态度。同学们对他更加包容和理解，友谊和支持让他在学校生活中更加快乐和自信。

在云朵的身上，我看到了每一个孩子都应该具备的品质：好奇、勇敢、坚韧和自信。他勇敢地面对自己的不足，坚定地追求自己的目标，让我深刻认识到教育对于每一个孩子的重要性。云朵让我对教育产生了新的理解。教育不仅是灌输知识，更是培养人的品格和能力。每一个孩子都是独特的，我们需要抱着包容和理解的心态，耐心地引导他们成长，让他们在自己的世界里找到方向。作为一个班主任，我不仅是学生的知识导师，更是他们的朋友和引路人。我相信，只要我们用心去教，用爱去引导，每一个学生都能发光发热。

　　云朵让我深深地感受到教育的温度，感受到每一个学生都值得被珍视、被尊重。他让我相信，每一个学生都是一颗星星，都有属于自己的光芒，都有照亮世界的能力。

　　在未来的日子里，我将继续带着这份感动，发现每一个学生的独特之处，点燃每一个学生心中的火焰，让他们在知识的海洋中遨游，让他们在人生的道路上绽放出属于自己的光芒。

家校沟通篇

以心换心，合作共赢

/刘霞

《中华人民共和国家庭教育促进法》于2022年1月起施行，不仅清楚界定了家庭教育的概念及其肩负的任务，同时对学校在教育中的职能和责任作出了详细说明。学校教育与家庭教育虽各有所长，却又相互补充，共同助力孩子的成长。家庭与学校要加强配合，搭建牢固的教育生态网络。这有助力家长提升对其教育角色的理解，更新教育理念，以及增强在家庭教育方面的能力。"双减"政策实施之后，家庭与学校应如何进行有效的沟通呢？沟通一定是从心出发。

每一位老师，尤其是班主任，应当以心换心，讲策略重成效，构建良好的家校合作关系，落实家校共育。

大格局包容差异——参差多态乃是幸福本源

人和人各不相同，家长群体也不例外。他们的个性、观点、见识、对待学校教育的态度、具体诉求都不尽相同。坚定支持、积极参与的家长能够助力我们的工作，共同促进孩子成长。若能以一种积极的心态去重新审视不同类型的家长，便会发现其中隐含着一些积极信息。比如：依赖型家长虽然少了教育的自主性，但他们十分信任老师；批判型家长比较挑剔，但这反映了他们对班级管理的热心，有助于激励班主任提高管理水平；旁观型家长看起来不够积极，但或许是他们觉得自己文化层次不高少了底气，又或许是因为工作繁忙不方便参与，应试着理解他们的苦衷；强势型家长的表现欲和控制欲比较强，但他们的热情本身就是一项教育资源，可以成为班级活动的有力后援。

可见，当我们试着尊重、包容、接纳家长之间的差异，便会发现他们都可以成为我们的合作伙伴。

张晓风在《我交给你们一个孩子》中写道："学校啊，当我把我的孩子交给你，你保证给他怎样的教育？今天清晨，我交给你一个欢欣、诚实又颖悟的小男孩。多年以后，你将还我一个怎样的青年？"是啊，孩子是家长的孩子，也是我们要教育的孩子。所以永远不要把家长放在对立面，否则会分歧不断，无法取得教育成效。

家校沟通其实不是为了消除差异，而是为了增进了解，产生共鸣，进而优势互补，共同助力孩子成长。

齐步走达成共识——步调一致产生同频共振

无论哪种类型的家长，都有共同的心理诉求，那就是希望孩子能够健康、快乐成长。学校和家庭在这一点上是一致的，因此二者应当步调一致，并肩合作，遵循一致的原则，在教育的目的、过程以及方法上保持统一。

但因为老师和家长的理念、站位、个性不同，观点碰撞不可避免，这并非一定是坏事。通过加强沟通，可以增进双方对彼此的了解。

在与家长沟通时，我会先清晰地表达自己的想法，然后努力做个好听众，请家长尽情表达他们的想法。如果家长不善言辞，我会用提问的方式引导他们表达自己的想法，最后把他们的回答重新梳理并表述一遍，充分讨论，努力达成共识。这样，家校之间就容易达成心理上的默契、行动上的步调一致，从而产生教育的同频共振。

善接纳扬人所长——各施所长、各尽所能

我们所倡导的师生间的"民主、共享、互动"关系，同样也是家校沟通的追求。家长作为旁观者反而更容易发现班级管理中的一些问题。因此，我们需要认真聆听家长对教育的看法和思考，加强沟通。只有走进家长的内心，善于利用家长的特长，发挥其积极作用，才能够实现共赢。

有计划务实重行——提供具体可行的建议

与家长沟通前，我都会事先准备，打好腹稿，写好草稿，让对话有主

题、有层次、有头尾，需要清晰地知道该说什么、该怎么说、为何而说。

与家长沟通时，我会努力为家长提供一些可操作的建议，让他们有着力点。比如，家长在表达自己的焦虑时，我会建议他把焦虑的内容说出来，然后对症下药，提供解决方案。

这些建议并非一定立竿见影，但我们积极的态度和持续的付出一定可以让双方的沟通朝着良好的方向发展。

勤沟通重在平时——保持与家长的积极互动

老师与家长进行信息共享、有效互动能够加深老师与家长的情谊。平常，我会与学生家长比较频繁地沟通和联系。我会有根有据、细节饱满地赞美他们的孩子，感谢他们对孩子的关注和培养；我也会在孩子取得巨大进步或有突出表现时，和他们分享喜悦。在孩子出现状况时，我会实事求是、冷静客观地反馈给家长，共同商量对策。

抓住沟通的时机对家校合作非常重要。老师平时一定要与家长多沟通交流，关心关爱每个孩子，及时处理各种问题。当意外事件发生时，家长才会理解老师、信任老师，而不是站在老师的对立面。

家校沟通最本质、最核心的地方在于，老师要用心关爱每一个孩子。老师用一颗真诚、善良的心对待每一个孩子，用实际行动表现自己的负责与公正，就能赢得家长。赢得家长，教育就成功了一半。

信任，是家校沟通的桥梁

——小北的成长故事

王伟丽

在教育的漫长历程中，家庭和学校犹如支撑孩子成长的两大基石，二者相辅相成，共同承担着培育下一代的重要使命。因此，"形成家校共育合力"一直以来都是班主任努力的方向。在这一过程中，"信任"这一看似无形却坚如磐石的要素，成为连接家庭与学校的不可或缺的桥梁。

2022年9月，班里新转过来一名女生，名叫小北，十分安静、乖巧。从资料中我了解到，小北开学后上四年级，可是由于爸爸的工作性质，已经辗转更换了三所学校，这是第四所。频繁地更换学习环境，会让孩子缺乏归属感和安全感。

初次见面时，小北一直拽着妈妈的手。在妈妈的提醒下，她怯怯地叫了一声"老师好"。看到小北这个状态，我没有过多地与她对话，只是温和地回了一声"小北同学好"，然后轻轻地摸了摸她的头。我看得出小北对于新环境感到陌生和不安，如果过多地询问她的学习或生活情况，会增加她的紧张感。

然后，我与小北妈妈进行入学手续的交接，并告知开学相关事宜。交流中我发现，小北妈妈问了许多有关新学校和新班级的问题，但没有给我说太多小北的情况。我感觉到了她对新环境的担忧和焦虑。于是，我忍不住打断她说："小北妈妈，孩子初来学校，重点要关注哪些方面呢？"她说："小北比较内向，不会主动与同学交朋友，希望能给她安排一个女生做同桌。"我说："请您放心，我会安排妥当，争取让小北尽快交到好朋友。"听到这句话，小北妈妈长吁一口气。

对于融入新学校这件事，不仅小北感到不安，她的妈妈也非常担心。妈妈的担心会成为一种反作用力，增加小北的不安全感。我明白，此时最需要让小北和妈妈感受到的，是新老师的温和与善意，从而产生对老师和学校的信任。

在与小北妈妈沟通清楚开学相关事宜后，我送她们到校门口，并约定第二天我会在这里亲自接小北到教室。小北妈妈顿时如释重负，拉着我的手说了好几声"谢谢"。小北也露出了一丝羞涩的笑容。

次日清晨，我带着给小北安排的同桌——班里一名活泼又温和的女生，比约定时间早十分钟来到了学生入校的地方。当看到我时，小北显得有些惊讶，但很快便露出羞涩的笑容。我明白，每一个细心的安排，都有助于小北尽快适应新环境。

小北的妈妈站在一旁，眼神中满是感动与期待。我轻声对她说："放心吧，这几天我会经常关注小北，帮助她尽快适应学校和班级环境的。"她听后，眼中泛起感激的泪花。

我蹲在小北面前，温和地向她介绍新同桌小芳，一个活泼开朗、性格温和的女孩。我介绍完之后，小芳主动接过小北的书包，微笑着对她说："小北，欢迎你呀！以后我们就是同桌了，我们要互相帮助哦！"小北望着小芳，轻声说了声"你好"。整个过程，小北妈妈都带着热切、期盼的眼神看着，看到两个女生携手走进教学楼后，她绽放出了欣慰的笑容。

以后的时间里，我经常关注小北的表现，及时鼓励与肯定她。小芳也在我的提醒下，充分地表现出对小北的友善和喜欢。随着日子一天天过去，我观察到小北在新环境中逐渐放松。她开始主动与小芳交流，也愿意与其他同学共同做游戏。

最初的几个周，我每天都会拍几张小北在学校上课、活动或就餐的照片发给她的妈妈，加上每天回家与孩子交谈、小北自身的改变等，逐渐缓解了小北妈妈的担忧。

小北妈妈开始更主动地与我沟通，询问孩子在校的表现并主动聊起孩子在家的状态。当我告诉她小北已经适应了新环境并交到朋友时，她感激地对我说："老师，非常感谢您对小北的关心与帮助，我现在真的很踏实。"

通过与小北和她的妈妈互动，我深刻体会到，作为教师，我们不仅需要教育学生，更要成为家长与学校之间的桥梁。我们的细心和关爱不仅能帮助孩子尽快适应新环境，更能增强家长对我们的信任，形成良好的家校关系。

这次经历也让我明白，每个孩子无论其个性如何，只要给予其足够的关爱与支持，他们都能在新环境中找到属于自己的位置。同时，家长的信任与支持是孩子成功适应新环境的关键。小北和她的妈妈给了我一个宝贵的启示——在教育这条道路上，我们不仅是知识的传授者，更是心灵的抚慰者。

牵着蜗牛去散步
——以爱育爱

董丽妮

曾经读过一段话："上帝给我一个任务，叫我牵一只蜗牛去散步。我不能走太快，蜗牛已经尽力爬，为何每次总是那么一点点？"这段话不禁让我想到了我们班的乐乐。

以爱育爱——爱之初

今年，我负责带一年级。一方面，对于刚入学的学生家长来说，他们大都希望老师能够充分关注自己的孩子；另一方面，作为一年级新生的班主任，想要全面深入了解孩子的情况，家访是必要的途径。

我们班有个学生叫乐乐，她的个子最矮。吃饭时，她打不开饭盒；上课时，她不知道拿笔；走着走着路，不知道怎么就摔倒了。很多老师都问我："咱们班乐乐是怎么回事？"

已经开学两个多月了，在乐乐身上看不到一个一年级孩子的影子，更像是一个刚刚学会走路、刚刚学会吃饭、连书包也背不动的幼儿园小朋友……尤其当我知道她的姐姐学习非常棒时，更诧异了，为什么姐妹俩有天壤之别？姐妹俩在家里能不能和谐相处？爸爸妈妈是如何教育姐妹俩的？一个个问号从我的脑海中冒出来。

上面这些疑问促使我去这只"小蜗牛"家里看看，了解具体情况。做班主任这么多年，我一直觉得，只有深入学生家中，进行全方位的"望闻问切"，才能做到一生一策，"对症下药"，帮助学生健康成长。

以爱育爱——爱之怜

乐乐家住在南龙口社区，祖孙三代住在一起。我去她家那天，恰好爸爸、妈妈、姐姐、奶奶都在家。

我进门后，乐乐在妈妈的提醒下，叫了声"老师"，随即她就依偎进了奶奶怀里。家访期间，乐乐奶奶慈祥的目光始终落在孩子身上；爸爸在介绍乐乐的情况时，表现出了对孩子发自内心的爱；妈妈在聊天过程中，一直对我说："老师，在学校您费心照顾一下！"其中，乐乐爸爸向我描述了孩子小时候治病的经历。他有一句话让我十分感动："我们不要求她学习怎么样，只要她能把自己照顾好就行。"

眼下这场景让我意识到，乐乐生长在一个和睦、幸福的家庭中。无论是爷爷奶奶，还是爸爸妈妈，甚至是姐姐，都给了她无微不至的爱。她在学校种种"慢半拍"的情况，更多是受身体状况影响。

另外，这次家访中看到的情形让我深刻意识到，我们应当给情况特殊的孩子更多的关爱和鼓励。我想，如果不是因为这次家访，我恐怕很难对这一点有如此深刻的感悟。

以爱育爱——爱之深

从那以后，乐乐每天早晨到校，慢慢地拿出学习用品时，老师们都不会催促她，大家都了解她的情况。唯一让我担心的是她在班里的安全，我怕哪个学生用力把她碰倒了。于是我在班里告诫大家："乐乐这么弱小，大家一定不能欺负她，要多帮她。"学生都十分善良，有时下了课会看到几个男生围着乐乐嘘寒问暖。

在学习上，老师需要给乐乐多些关注、多些鼓励。练习写字时，我经常握住她的小手一笔一笔地教写数字。尽管她写得歪歪扭扭的，但没有人嘲笑她，因为大家都知道她与别的小朋友不太一样。

我发现乐乐愿意到我这儿来批改作业，她哪怕只写了一个算式，我也会在算式的后面打上对勾，鼓励她回去把得数写上。我会在班里公开表扬她的进步，给予她肯定和鼓舞。希望这样下去，她能写得越来越多。后来在过关检测中，她做对了三道题……乐乐感受到了老师对她的爱，体会到了努力和进步的快乐。

从当初乐乐以沉浸式蹲地的姿势收拾书包，而姐姐在门口着急地催促，到现在她能早早地收拾好书包，歪歪斜斜地背上它，然后去教室门口的长椅上等着姐姐来接自己；从最后一个吃完饭，到现在可以稍微快一点吃完饭。乐乐在不断取得进步，她的自理能力在逐步提高。

在乐乐成长的过程中，我牵着她的手，一步一步地走，虽然速度很慢，但一直在前进。

用心沟通，用情架桥
——家校沟通的策略与技巧
王帅

班主任与家长的沟通是一门艺术，是语言、情感的双向交流。家长的为人、阅历、性格特征、心理因素等直接影响着沟通效果。法无定则，家校沟通要因人而异、因时而异、因情而异，需要灵活选择不同的沟通策略和技巧。

家校沟通前，充分了解学生

每次家校沟通前，我都会收集资料备好家校沟通课。根据家校沟通的目的，我首先从任课教师、同学等多方面收集学生的资料，包括学生课堂表现、作业完成情况、课外活动参与情况、学业成绩、和同学相处情况等。我在发现学生闪光点的同时，也从中找出学生存在的问题和努力的方向，并结合学生的特点，给家长提一些合理的建议。

小鑫的学习成绩还不错，但是他有上课不认真听讲的坏习惯，因此导致学习成绩总是没有明显提高。于是在家访前，我首先从任课老师和学生那里多方面收集了他的资料。据英语老师反馈，小鑫在英语课上的状态还是不错的，因为英语课有很多互动环节，课堂气氛比较活跃，极大地调动了小鑫的积极性，因此小鑫在英语课上的听讲效率比较高，他的英语成绩也是他各科成绩中最稳定的。另外，同学们反映小鑫十分乐于助人，无论谁有困难，他都会主动热心地提供帮助。

了解到这些之后，我与育人导师王老师一起入户进行了家访。在与家长的交流中，我首先肯定了小鑫在英语课上的专注以及乐于助人的品质，消除了小鑫妈妈的顾虑以及对老师的防备心理；其次向她反馈了小鑫课上不认真听讲、小动作较多的问题；然后向她了解小鑫在家的表现。这个时候，小鑫的妈妈打开了话匣子。最后，我们探讨了几个帮助小鑫的方法，家校合作，共同促进孩子进步。

当然，除了收集学生的资料之外，我还会关注家长的基本情况。我会通过平时观察、询问学生等方式，大体了解受访家长的家庭环境、性格特点、教育背景、教育理念等，为与家长进一步沟通交流打下基础。

一个得体的称呼，让沟通始于平等和尊重

在与家长沟通时，我特别注意对家长的称呼。因为一个得体的称呼会使家长感到亲切。我经常会根据家长的年龄、身份、职务等具体情况确定一个合适的称呼。

小宜的父母离异，平常都与爷爷奶奶在一起生活。爷爷奶奶的年纪较大，所以与他们沟通有一些困难。在家访之前，我做了充分的准备。一进门，我就感觉到小宜奶奶对我比较抗拒，因此我不急于切入正题，反而亲切地称呼她"阿姨"。

看到她家的花养得很好，我问："阿姨，您家的花养得真好！我可以向您请教一下怎么养花吗？"她惊讶地看着我，然后就如数家珍地跟我介绍她的这些花花草草，甚至还要送我一盆多肉，让我回家试着养养看。这时，我才对她说："阿姨，其实孩子和您的这些花花草草一样，只要您用心了，孩子也会教育得很好。您看，您能把这么难养的花养好，教育孩子也肯定没问题。再说，还有我呢，我也会帮助您的。"

这时候，她把她的困难告诉了我。我耐心地听她说完，然后告诉她："我需要您做的，就是在家管住手机，不要让孩子拿到手机，给她提供一个安静的学习环境，让她把作业写完。如果发现她哪天作业写得特别快，或者在家的表现特别好，及时反馈给我，剩下的工作我来做。"我对她说："阿姨，请您一定帮帮我，我需要您的帮助。"

这一声声的"阿姨"以及我的热情和尊重，终于打动了小宜的奶奶。她

终于松了口，答应尝试一下。在未来的一段日子里，小宜的家庭作业进步很大，虽然正确率有待提高，但至少每天都能完成作业了，书写也有了很大进步。这就是一个得体称呼的魅力。

在与家长沟通时，我从不使用命令、警告、责备、训斥的口吻与家长交流，尽量使用热情、关心、委婉的语气与家长平等对话。有的时候，加上一些求助的话，沟通会容易很多。

善于运用"期望效应"

"赞扬孩子、赞扬家长是与家长交流的法宝。"著名的罗森塔尔效应实质就是"爱的效应"或者说是"期望效应"。作为班主任，我在与家长沟通时，十分希望把自己对学生的期望和肯定通过家长传递到学生那里，这样会产生意想不到的激励作用。这一点在班主任与后进生家长沟通时尤为重要。

小张是一个特别聪明的孩子，但是他的学习习惯不太好，经常不完成家庭作业，比较懒惰。针对他的这种情况，我曾与小张的妈妈沟通过多次，但是仍然没有彻底解决。

本学期期末，我又和小张的妈妈坐在了一起。这一次，我结合期末质量调研，首先向小张的妈妈反馈了他的检测情况，其次认真地分析了他每一个学科的得失。最后，我跟她说："您看，您的孩子真的很聪明，在不写作业的情况下，还能有这样的成绩，实在是难得。他呀，只要静下心来好好学习，一定是班里数一数二的好苗子。如果家长加强对他的监督，相信他一定能成为一个非常优秀的学生。"

小张的妈妈惊讶地说："老师，您说的是真的吗？他还有希望吗？"我笑着说："当然，不但有希望，而且很有希望啊！咱们做老师和家长的一定不要放弃他。"这次谈话的成果还是显而易见的。在暑假读书打卡活动中，小张的妈妈每天都叮嘱他按时打卡，他是为数不多的每天不落、每天保质保量读书的孩子之一。我相信，经过一个暑假的坚持，他一定能学有所获。

有的时候，家长只有对自己孩子的教育有信心，才会更加主动地与班主任交流，积极配合老师的工作。我经常会跟家长说："××同学非常聪明，学习能力也强，期待他更大的进步！""××同学再努努力，绝对是班里拔尖的孩子"……家长听到老师对自己的孩子有这样高的期望，自然更愿意配合老师把孩子教育好。

从根本上说，家校沟通其实也是一种人际交往。要想在人际交往中获得成功，不仅要有善意和诚意，而且要讲究一定的策略和技巧，只有这样才能使家庭教育与学校教育相结合，形成家校合作互动的教育局面，为学生的发展提供良好的环境，促进学生健康成长。

"慧"沟通，促成长

杨萌萌

家校沟通，作为每位班主任肩上的重任，既繁复又不可或缺。面对班级内三四十名学生及其背后超百位家长的多元需求，如何高效沟通、化解分歧、增进和谐，无疑是对我们智慧与耐心的双重考验。在教育的征途中，我日益领悟到，家校沟通远非单纯的信息交换，更是心灵的触碰与融合，是构筑孩子、家长与学校之间坚实桥梁的基石，要让每一位孩子和家长成为这座桥上亮丽的风景线。

利用碎片化时间

每天放学在校门前等候区与家长互动，就是一场小型的家长见面会。最近，我发现晨晨做作业拖拉，缺乏主动性。为了帮助孩子和家长共同面对这个问题，一天放学后，我特意叫住了晨晨妈妈，与她进行了深入的交流。晨晨妈妈听到我的反馈后，也表现出同样的担忧。她愁容满面地告诉我，晨晨在家里写作业时同样需要家长时刻监督，这让她感到身心俱疲。我首先肯定了晨晨妈妈作为家长所付出的努力和认真督促的态度，并对她因为这个问题产生的负面情绪表示了理解。随后，我与晨晨妈妈一起商讨了如何有效地解决晨晨做作业拖拉的问题。我与她共同探讨了可能的原因，如学习方法、时间管理、兴趣培养方面的原因，并尝试提出了一些解决方案。晨晨妈妈对我的建议表示赞同，并表示有了老师的帮助，她重新看到了解决问题的希望，也获得了坚持下去的动力。通过这次交流，我相信晨晨妈妈会更有信心帮助晨晨克服做作业拖拉的问题，而我也会持续关注晨晨的表现，并提供必要的支持和帮助。

将与家长沟通纳入日常工作的范畴，是我们作为教育工作者的重要职责。我们应当善于利用碎片化的时间，积极主动地与家长分享孩子在校期间的点点滴滴，无论是问题反馈还是嘉奖表扬，都是我们沟通的内容。因为一些在我们看来微不足道的小事，却可能是家长心中的头等大事。因此，我们不能等到小问题积累成大问题后才去与家长沟通，而应未雨绸缪，通过日常的交流，及时发现问题、解决问题，共同促进孩子的健康成长。

利用网络平台

在促进家校合作与沟通的过程中，除了把握日常零散的时间与家长进行沟通，积极利用网络平台来让家长实时、全面地掌握孩子在校的表现，也是一种高效且便捷的选择。

我经常会在班级群里分享孩子们在校的学习情况。在我们班的语文课堂上，每日的首要任务是进行听写练习。听写完成后，我会认真地批改每一份作业。批改完毕后，我会及时将当天的听写情况详细反馈到家长群。对于听写全对的学生，我会提出表扬，肯定他们的努力和成果，激励他们继续保持积极的学习状态。对于出错1～2处的学生，我会进行鼓励，指出他们的不足之处，并提醒他们注意改进。同时，我还会列出本次听写的易错词，提醒学生关注这些难点，加强复习。家长也可以及时了解孩子的学习情况，有针对性地指导孩子的学习。

在家校沟通的过程中，针对不同的情况灵活选择多样化的沟通方式至关重要。利用网络平台不仅有助于确保信息准确及时地传达，还能更好地满足不同家长的需求和期望。

转换角度，理解共赢

我有一个朋友，他的儿子就是老师眼中的学困生，不仅学习跟不上，而且在纪律上也让老师头疼，所以她儿子的班主任隔三岔五就会打电话向我朋友"告状"。我的朋友说他现在只要一看到是儿子班主任打的电话或发的信息，就会不由自主、莫名其妙地胆战心惊，担心是不是儿子又在学校惹祸了，老师又来"告状"了。我也站在老师的角度反思了自己平时的工作。确实，如果我们平时在与学困生家长沟通时总是"告状式"或"高高在上式"

地交流，不仅不能有效地解决问题，反而可能加剧家长的焦虑情绪，甚至导致家长对老师产生抵触情绪。之后，我也慢慢地转变了与学困生家长沟通的方式。比如每天上课前的听写，班上总有那么几个学生每次都错得一塌糊涂，可能一个学期下来一次都不能全对。佳乐就是这些学生中的一名。那天，我像往常一样批改听写本，当批改到佳乐的听写本时，发现今天听写的十个词他竟然写对了一半，我当即拿出手机把听写本的内容拍给了佳乐妈妈，说："佳乐妈妈，今天佳乐的听写进步了好多。为了鼓励佳乐，我在他的听写本上写了'今天的你比昨天的你进步了，所以老师要奖励你一颗星'。我想，当他翻开听写本时，一定会很高兴，高兴之余也会觉得老师看到了自己的努力，争取下次全对。希望他每天都能进步一点点，佳乐回家后你也适当地鼓励鼓励他。"佳乐妈妈说："谢谢老师对佳乐的鼓励，我一定会配合老师帮助孩子进步。"从那以后，我发现佳乐的听写明显进步了很多。在最近的一次随堂练习中，我发现他的基础知识部分竟然只扣了一分。我将佳乐的试卷拍照发给了佳乐妈妈，和她分享佳乐的进步。佳乐妈妈激动地说："老师，真是太感谢您了，是因为您的不离不弃，孩子才会取得这样的进步。"

在教育学生的过程中，由于老师和家长各自扮演着不同的角色，所以老师和家长思考的角度自然会有所差异。这种差异有时会导致双方产生误解，甚至可能引发不愉快的冲突。然而，如果老师在与家长沟通时能够主动转换视角，尝试站在家长的角度去思考问题，并表现出对家长深深的理解和尊重，将会更容易引发家长的共鸣，促进双方达成共识。

老师和家长身上的教育职责很难比较出大小，但将学校教育和家庭教育密切结合起来产生的效应一定是积极正向的。因此，老师要结合实际，采取灵活多样的方法，使双方在沟通的过程中达成共识，相互配合，共同携手做好孩子的教育工作，让每个孩子绽放属于他们自己的光彩。

改写顽皮少年的成长轨迹
——在家校沟通中凝聚教育合力

徐卫红

在我们这个充满活力的班级里，有一位名叫小杰的男孩，他聪明伶俐，却以顽皮著称，经常与同学发生争执，甚至动手打人。在小杰的世界里，打闹似乎成了一种独特的"游戏"，这让他成为老师和同学心中的"难题"。在学校，我对他进行了多次谈话教育，也于事无补。一次次冲突的发生不仅影响了班级的学习氛围，同学们也渐渐对小杰失去了好感。

多年的教育经验让我深知，每一个孩子行为的背后都有其深层次的原因，于是我决定深入了解小杰的家庭环境。通过与小杰父母多次沟通，我逐渐揭开了小杰行为背后的秘密——经常会有严厉体罚的家庭环境。

每当小杰在家犯错，等待他的总是父亲严厉的责骂和拳脚相加。这种粗暴的教育方式在小杰心中种下了"以暴制暴"的种子，让他在遇到问题时，首先想到的是用武力解决问题。学校与家庭，本应是助力孩子成长的双翼，却因为不当的教育方式，让小杰的成长之路布满了荆棘。

面对这一发现，我深感责任重大。我明白，要真正改变小杰的行为，必须从根源入手，即改变其家庭的教育方式。于是，我开始了一场耐心而细致的家校沟通之旅。

一次放学后，我特意留下了小杰的父亲，与他进行了一次深入而坦诚的对话。我首先表达了对小杰的关心与担忧，指出孩子在校种种行为的背后，可能隐藏着家庭教育的影子。

小杰爸爸说："老师，我们平时对他要求很严的，让他不要打同学，每天都提醒他，但他就是听不进去，还经常犯错。狠狠地揍他一顿能好一天。过两天他又忘了，这个孩子怎么这么难管呢？"

我耐心地向家长分析，暴力教育不仅不能解决问题，反而会加剧孩子的叛逆心理，影响他的心理健康和人格发展。小杰爸爸说："我们打完之后，也很心疼孩子，可是怎样才能教育好他呢？"

我分享了正面管教的理念和方法，鼓励家长用爱和理解去引导孩子，教给他如何以更积极、更健康的方式处理问题和冲突。平时，家长和孩子可以一起创设情景，模拟处理问题的方式，既帮助孩子找到处理问题的方法，也增进了亲子关系，营造了和睦的家庭氛围。

小杰的父亲听后，内心深受触动。他开始反思自己的教育方式，意识到长期以来对小杰的严厉不仅没有让他变得更好，反而让他走上了错误的道路。在我的建议下，他决定改变，尝试用更加温和、理性的方式去教育和引导孩子。

家校合作的序幕由此拉开。我与小杰的父亲共同制订了一份教育计划，通过正面引导、情感交流和行为规范等多方面的努力，帮助小杰逐步形成正确的价值观和行为习惯。

随着时间的推移，小杰家中的氛围悄然发生了变化。小杰的父亲努力控制自己的情绪，采用更加温和、耐心的方式与孩子沟通，尝试理解孩子的需求和感受，用鼓励和赞美代替批评和责骂。

在学校里，我继续关注和引导小杰，利用课余时间与他谈心，了解他的内心世界，鼓励他参与班级的各项活动，培养他的团队精神和责任感，引导他学会倾听、理解和尊重他人。

小杰在学校里的每一点细微进步和积极改变，我都会及时且详尽地告知家长。这不仅是对小杰个人努力的肯定，更是对家长在家庭教育中付出与调整的积极反馈。我相信，家校之间的这种紧密沟通与相互支持，能够促进小杰全面发展和健康成长。

在老师和家长的共同努力下，小杰发生了明显的变化。他不再频繁地与同学打闹，而是开始积极参与集体活动，主动帮助他人。他的笑容变得更加灿烂，眼神中充满了自信和友善。更重要的是，他学会了用语言而非拳头解决问题，这让他在同学中赢得了更多的友谊和尊重。

这段经历不仅让小杰成功转变，更让家校之间建立起了深厚的信任和良好的合作关系。这告诉我们，教育从来不是单方面的努力，而是需要家校携手，共同为孩子的成长撑起一片蓝天。在家校沟通中凝聚教育合力，我们要努力为孩子的未来铺设一条更加光明的道路。

教育的诗篇：班主任与家长的共育之旅

/姜萌

在教育画卷中，学校、社会与家庭各占一席，共同绘就孩子们的成长之路。在这幅画卷中，学校无疑是主阵地，而担任班主任的我们，则是连接家庭与学校的重要桥梁。在家长眼中，我们不仅是教师，还是他们教育孩子过程中的得力助手。因此，加强与家长的交流，是班主任工作中不可或缺的一部分。为了实现家庭教育和学校教育的无缝衔接，我特别重视与家长建立良好的关系。以下是我在日常工作中采取的措施。

第一，我经常组织各类培训和讲座，内容涉及教育、心理、健康、亲子关系等多个方面。通过这些活动，家长能够更加了解孩子成长的规律和特点，从而增进对教育工作的理解。

第二，对于家长的诉求，我总是积极回应。无论是关于学科授课方式的疑问，还是对孩子表现的担忧，我都会及时提供有效的建议和帮助，以增强家长对教师的信任。

第三，我推行班级管理制度，明确自己在班级管理中的职责与权力。让家长通过班级会议等形式了解并参与班级管理，有效增进和加强了家长与班主任之间的互信与合作。

在与家长沟通的过程中，我仿佛感知到了教育的另一维度——那是一种由爱和信任汇聚成的力量，它让我们的教育之路更加光明。每一次与家长对话，都让我深刻感受到，作为班主任，我不仅是孩子成长的引导者，更是家庭与学校之间坚实的桥梁。这份使命十分沉重，却也伴随着无限的喜悦与满足。

爱与信任的力量：小毅的成长之路

在这段旅程中，我与家长铸就了深厚的情谊。我们班有个学生叫小毅，他成绩优秀，但性情内向。经过多次的交流，我了解到小毅家长对他寄予厚望，同时也希望他能够更加开朗。

"张老师，小毅在家里很少说话，我们真的很担心他。"小毅爸爸在一次家长会上忧心忡忡地对我说。于是，我们共同策划了一系列旨在激励孩子融入班级活动的方案。"我们可以一起制订一些计划，引导小毅更多地参与班级活动。"我提议道。为了给小毅一个展示自我的舞台，我精心筹备了一次班级才艺表演。筹备期间，我找到小毅，轻轻地拍了拍他的肩膀，鼓励他说："你拥有非凡的才华，我相信你的朗诵能够触动每个人的心弦。"尽管他内心充满紧张与忐忑，但他仍旧在家中刻苦练习，期望在众人面前呈现最佳的状态。"老师，我真的可以做到吗？"小毅的眼中闪烁着不确定。"当然，你只需要相信自己，就像我相信你一样。"我坚定地回答。

在活动前夕，我邀请家长进校，期望他们能见证孩子在集体中的成长。我们坐在教室的一隅，阳光透过窗户洒落，带来了一室温暖的光辉。"小毅爸爸，您看，他在练习中表现得多棒。"我指着正在台上练习的小毅说。"是啊，我没想到他能有这样的勇气。"小毅爸爸感慨地说。我向他细述了小毅在学校的种种表现和进步，以及他对即将到来的表演的憧憬。小毅爸爸听得极为专注，眼中闪烁着期待的光芒。"老师，我真心希望孩子能借这个机会获得更多的自信。"他轻声呢喃。"小毅爸爸，您的信任与支持是我前行的最大动力。我们将携手并进，共同帮助孩子跨越内心的障碍。"我点头回应。

同时，我意识到小毅爸爸或许需要一些指导，以便更好地支持小毅。在一次家长会上，我特意与小毅爸爸进行了深入交谈，给出了具体的建议："小毅爸爸，鼓励孩子持之以恒的关键在于积极倾听与肯定。""我明白了，张老师，我会按照您说的去做。"小毅爸爸认真地说。

小毅爸爸回家后，内心交织着复杂的情感。一方面，他为孩子的勇敢感到自豪；另一方面，又对孩子的舞台表现充满忧虑。"小毅，你今天练得怎么样？"小毅爸爸在晚餐时问。"还好，爸爸，但我还是有点紧张。"小毅低头回答。"不用怕，儿子，我们一起练习，一起面对。"小毅爸爸鼓励道。后面几天，他每天下班后都会陪伴小毅一起练习，鼓励他放松心情，想象自己正在与朋友分享故事，而非在观众面前表演。"想象台下的观众都是你的朋友，他们在听你讲故事。"小毅爸爸在练习时对小毅说。"我真的可以做到吗？"小毅渐渐放松了。"当然可以，你是最棒的。"小毅爸爸笑着回答。他们一同朗读，一同演绎。渐渐地，小毅在家中的表现愈发自然，笑容也更加真挚。

表演当天，小毅一家来到学校。小毅在台上虽然仍显羞涩，但他勇敢地完成了朗诵。他的每一个字句都清晰而有力，仿佛在向世界宣告他的蜕变。当他结束表演，台下掌声如雷鸣般响起。

"小毅，你太棒了！"小毅爸爸激动地抱起小毅。

"谢谢你，爸爸，还有老师。"小毅眼里闪烁着泪光。

与之前安静的性格相比，小毅现在更加开朗和自信。小毅爸爸紧紧握住我的手，激动地说："老师，感谢您的鼓励和支持！是您让我的孩子迈出了这一步，他现在更加自信和快乐了。"

从那以后，小毅逐渐变得自信起来，也更愿意与人交流了。小毅的家长与我之间的关系也变得更加紧密，我们成为彼此信赖的朋友。每当看到小毅在校园里活跃的身影，我都会想起那次让他蜕变的表演，心中充满了成就感。

随着时间的推移，小毅不仅在学业上取得了优异的成绩，还在人际交往中变得更加自信和开朗。他的故事在校园里被传为佳话，激励着更多的孩子勇敢尝试和挑战自我。我作为他们的班主任，也在这段旅程中收获了许多宝贵的经验和感悟。我深知，教育的真谛不仅是传授知识，更是激发潜能、塑造人格。每一个孩子都是独一无二的，他们不仅需要指导，更需要理解、关爱和支持。而我，愿意成为他们成长道路上的陪伴者和引导者，用爱与信任的力量，点亮他们前行的道路。每当夜幕降临，我总会坐在办公桌前，翻看孩子们的作业和成长记录，心中充满了满足和期待。我知道，明天又是新的一天，又会有新的挑战和机遇等待着我们。而我，将带着这份责任和喜悦，继续前行，为孩子们的未来，为教育的明天，贡献自己的力量。

岁月轻吟：小华的成长乐章

在教育的长河中，我始终认为班主任的职责远不止于教书育人，还要成为连接家庭与学校的桥梁。我们每一次细微的观察和主动的沟通，都可能成为改变学生命运的关键。小华的故事，便是这座桥梁承载的无数感人故事之一。

那是一个金色的秋季午后，我注意到班上的小华情绪低落，上课时心神不宁，全然不像往常那个活泼好问的孩子。职业的敏感让我意识到，这背后可能有着不为人知的原因。于是，我决定及时与他的父母取得联系，以便了解背后的隐情。

一番家访、几次推心置腹的交谈，我逐渐了解到小华家中那层不为人知的阴霾。他的父亲，那位曾经在工厂里以一己之力支撑起家庭希望的顶梁柱，如今因一场意外事故而倒下，重伤的阴影如同乌云笼罩着整个家。每当夜幕降临，小华母亲那温柔而疲惫的眼神中，总会闪烁着点点泪光。她在无声地哭泣，心中的痛楚与无助如同潮水般汹涌，却只能在夜色中悄悄释放。小华的姐姐，那个曾经笑声如银铃般的少女，如今沉默了许多，她的眼神中充满了对未来的迷茫和对现实的无奈。而小华，那个本应在阳光下自由奔跑的孩子，如今也安静了许多，他的眼神中多了几分不属于他这个年纪的深沉与忧虑。他在夜深人静时偷偷地躲在角落里，用稚嫩的手指摩挲着那些褪色的玩具，泪水在眼眶中打转，却始终不肯落下。他的心灵深处是对父亲康复的渴望、对母亲微笑的怀念，以及对家庭重回往日温馨的深切期盼。了解到这一切，我的内心掀起了波澜，心酸与同情交织成一片。孩子的痛苦，刀割般刺痛我的心。在这个家庭故事中，我看到了坚韧与牺牲，也看到了一个孩子过早被迫成长的无奈与心酸。我决心要成为他生命中的一束光，照亮他前行的路。

我记得与小华母亲对话时，她的声音里带着一丝无力和焦虑："老师，最近小华在家里总是心不在焉。您觉得他在学校还好吗？"

"其实，我也注意到了。他似乎有些心事，情绪比较低落。如果您愿意，我们可以坐下来详谈，看看我能提供什么帮助。"我回答。随着对话的深入，小华的母亲逐渐敞开了心扉，讲述了家中的困难。我认真倾听，心中涌起一股帮助的冲动。在提出帮助的那一刻，我的内心其实颇为矛盾。作为一名教师，我深知我的责任是教育学生，然而内心的声音告诉我不能忽视他们家庭的困境。内心的挣扎，让我更加理解教育的复杂性。

我主动提出帮助，与学校领导进行了沟通，并协调了一些必要的资源支持。在这个过程中，我深切地感受到，教师的帮助并非仅在课堂上，更在于能够在关键时刻伸出援手，给予学生和他们家庭力所能及的支持。小华的父母得知学校同意提供帮助后，感激之情溢于言表。他们多次向我表达谢意，而我却认为，这是我身为班主任应该做的。从那以后，我与小华父母的关系更加密切，我们共同为小华的成长提供支持和鼓励。

经过我们的不断努力，小华的情绪逐渐好转，也逐渐找回学习状态。记得有一天放学后，我看到他在操场上与同学追逐嬉戏，那久违的笑容如同秋日的阳光一样温暖。这一幕让我深刻感受到，班主任的工作不仅是教授知识，更是在孩子的心田播种希望，引领他们走出阴霾，迎向阳光。

学校的支援不仅是物质上的帮助，还包括心理辅导和课后辅导等。我们安排了一名心理老师定期与小华交谈，帮助他处理内心的困扰。这些谈话虽然不为人知，却在悄无声息中帮助小华慢慢恢复自信。

在教育的道路上，我愿意继续扮演这样的角色，用我的爱心和专业知识，为孩子们搭建起通往未来的桥梁。每当看到小华逐渐恢复的笑容和活力，我都会深深感到，这些付出是值得的。

岁月如梭，小华已经长大，不再是那个需要我特别关照的孩子。他变得坚强、独立，充满自信地面对生活的挑战。每当我看到他，心中都充满了自豪和欣慰。回首过去，我深深感到，作为一名班主任，我不仅是知识的传授者，更是孩子人生道路上的引路人。我要用爱心和耐心，帮助他们找到自信和勇气。这份工作虽然充满挑战，但也带给我无尽的喜悦和成就感。

如今，我仍然坚守在教育岗位上，用我的智慧和热情，为更多的孩子点燃希望的火花。我相信，只要我们用心关爱每一个孩子，他们都能在人生的道路上绽放出耀眼的光芒。

在这幅丰富多彩的教育画卷中，我为能成为一名班主任深感荣幸。通过与家长紧密合作，我见证了无数孩子的成长与蜕变，也感受到了教育的无穷魅力。每当看到孩子们在校园里快乐地学习和生活，我心中都充满了喜悦和满足。我知道，这是家庭、学校和社会共同努力的结果。而作为班主任，我更是肩负着重要的使命，那就是用爱与信任，为孩子们的成长之路搭建一座坚实的桥梁。在与家长交流的过程中，我深刻体会到了教育的多维性。它不仅仅是知识的传授，更是情感与心灵的交流。

展望未来，我将继续努力，与家长们携手共进，为孩子们的成长提供更好的支持与引导。我相信，只要我们共同努力，家庭、学校和社会就能共同绘就一幅更加美好的教育画卷，为孩子们的未来奠定坚实的基础。让我们携手前行，为孩子们的成长之路点亮希望之光，共同创造一个更加美好的明天。

家校共育，向阳而生

徐鑫

家校沟通在教育中扮演着不可或缺的角色。作为连接家庭与学校的桥梁，它对于学生的全面发展具有深远的影响。对于小学班主任而言，高效优质的家校沟通不仅能为学生营造一个良好的教育环境，还能够促进学生的健康成长。

家校沟通的核心在于理解和支持。家长需要了解学校的教学理念和实践，而教师则需要洞察学生的家庭背景以及家长的期望。这种双向的理解与沟通，是构建积极家校关系的基础。在此基础上，班主任可以采取多种方式与家长进行有效的沟通。

举个例子，在开家长会时，我很少给家长提要求，也很少向家长"告状"，我更喜欢分享我和孩子相处过程中的一些小故事。这些小故事必须是真人真事，也必须有代表性，能引发家长在教育孩子过程中的一些思考。为了保护孩子的隐私，我只讲事，从不提名字，但由于有的故事非常有代表性，经常有家长会来问我，某个故事说的是某某吗？神奇的是，家长猜测的正确率非常高。这些具体的故事，拉近了我和家长的距离，拉近了我和孩子的距离，让家长了解了我的教育理念，同时也引发了家长对于家庭教育的思考，可谓一举多得。家长对于我们班的家长会特别认可，每次我们班的家长会都在一片欢声笑语中结束。

随着科技的发展，数字化工具也为家校沟通提供了新的平台。例如，通过学校的大数据管理系统，我能向家长及时反馈孩子在学校各方面的表现，包括文明礼仪、上课听讲、个人卫生、课后作业等。这样的即时沟通确保了家长能够随时掌握孩子的学习进度，并及时给予支持和帮助。同时，家长也可以通过家长端，对孩子在家的各项表现进行评价，老师也能及时了解孩子在家的表现。数字化工具的技术支持再次拉近了老师和家长的距离，为家校共育提供了保障。

再如，通过定期的家访，我们能更加深入地了解学生的家庭环境。有一次，我在走访学生小明的家庭时，发现小明最近因家庭变故情绪受到影响。这直接影响了他的学习状态。我及时与小明的父母沟通，一起商定了支持措施，使小明得到了必要的关心和帮助，逐渐恢复了正常的学习状态。

举办家长工作坊或讲座也是促进家校沟通的有效手段。我们班级组织过"亲子阅读夜""亲子电影院"等丰富的课外活动。在这些活动中，家长不仅了解到如何引导孩子阅读，还亲自参与阅读活动，与孩子一起享受阅读的乐趣，极大地提高了家长参与教育的积极性。

尽管家校沟通的方式多种多样，但其核心始终不变：那就是为了孩子的全面发展与幸福。班主任在这一过程中既是沟通的推动者，也是家校合作的促成者。通过耐心、诚信和专业地交流，我们可以引领家长共同参与孩子的教育旅程，共同应对教育中遇到的挑战。

当家校之间建立起良好的沟通与合作关系时，不仅能为孩子创造一个更加温馨的学习环境，还能促使家庭教育与学校教育形成合力，共同培养出健康、快乐、有责任感的未来公民。在家校沟通的道路上，班主任肩负着重要的责任，我们的智慧与努力将对孩子的成长产生持久而深远的影响。

家访拉近"心"距离

宋祥玉

家校共育是班主任工作中重要的一环，有效的沟通有利于建立和谐的家校关系。在我的家校共育工作中，家访是非常重要的一环。走进学生家里，我可以了解孩子的生活、成长环境是整洁、宽敞还是昏暗、逼仄，家人待人接物非常周到还是比较随性等。我可以通过这些了解家长的教育理念，也会对孩子外在表现的原因有比较深刻的了解。

借校园活动丰富家访内容

学校经常会举办各种丰富多彩的活动，这些活动是孩子展示的平台，也是我们了解家庭的渠道。每年读书节，学校都会评选"书香家庭"，营造学校、班级的读书氛围。老师可以借此机会了解获奖的家庭，再推广一些值得借鉴的经验。

有一年，我们班的体育委员一家获得了"书香家庭"称号。他翔实的佐证资料让我惊叹：涉猎广泛的多方面阅读，观看与读的书相关的演出、展览，参加各种读书活动等，其中最吸引人眼球就是他家里的一面书墙。于是，我决定去他家家访。

一进家门，他家客厅的一面书墙就让我惊叹，再仔细观察，会发现他家里没有电视，客厅的一面墙上摆满了书，里面整齐地摆放着他和爸爸妈妈看的几乎所有的书。看到我一直在关注这面书墙，孩子开始兴趣盎然地向我介绍他的书柜，哪些是他喜欢的美术类书籍，哪些是他的侦探类书籍，侦探类书籍中他最喜欢哪一本，介绍完了客厅的书柜，又让我看他房间的书柜。原来他房间里还有一个小书柜，上面基本都是他正在读的书，他拿出一本很喜欢的书读给我听。整个家访期间，他一直在给我介绍家里的书。这样的环境里培养出的孩子大多是知书达理、温文尔雅的。

这次家访之后，我在班里大力地表扬并且赞美孩子的书香气质，宣传他家的环境、他爱读书的习惯。这是对孩子的褒奖，也是对班内学生的正向引导，希望孩子和家长都能有爱读书的好习惯。所以，我们要综合利用学校的体育活动、艺术活动等，丰富家访的内容，了解每个家庭的特色，了解孩子的兴趣。

借微信公众号推广家庭经验

走近学生家中，经常会了解到学生的一些优秀品质，这些可能是我们在学校见不到的，如果能好好地宣传一下，就会产生更大的积极影响，让更多的人从中获取力量。于是，我打算利用班级微信公众号宣传学生的优秀品质。

班里一个学生小时候得过大病。家访时，她的妈妈讲那时他们生活在东北，零下二三十度的天气，爸爸妈妈带着两三岁的她四处求医问药。幼小的她从未哭闹过，一直配合治疗。也正是因为经历过这些，她小小的年纪就知道生命的可贵。在作文中，这个孩子写道："妈妈想让我像大山大川一样，学会包容一切，学会接纳不同的小朋友，适应不同的环境，发展自己的个性和特长。虽然我现在还是一知半解，但是体会到了它带给我的快乐。"

一个幼小的孩子遭遇病痛本已不幸，但她能战胜病痛，并且在这个过程中得到身心的成长，委实不易。所以，我们在班级微信公众号开辟《好家风，代代传》专栏。征得家长的同意后，我把孩子的文章发表在班级微信公众号。扣人心弦的小故事体现了"尊老爱幼""勤谨""知书达理"等优秀的品德，家长与孩子共同接受良好家风的熏陶，进而带动了班风的建设，实现班风、家风的良性互动。

微信公众号是班级的一个窗口，开辟《好家风，代代传》专栏给班级带来了一股清风，增进了班级同学之间的了解，各个家庭能互相学习一些好的做法。这些都对班级建设起到了良好的推动作用。

在家访中提升教育管理水平

每次家访完，我都会写写自己的体会与心得，不断修正自己的教育理念。

我以前认为孩子上小学前应按照儿童成长规律，多看绘本之类的书，关注图画，培养想象力，但是经过家访、交流互动，我发现过多关注图画，不去认字，固然培养了孩子的想象力，但孩子的文本阅读、理解和阐释能力与同龄人相比有很大的差距。这对孩子来说是非常不利的。因此，从大班开始孩子就应该慢慢从图画阅读过渡到图文一起阅读，再过渡到纯文字书阅读。这样，孩子上小学后才会觉得游刃有余。

我还了解到，很多家庭中父母工作都很忙，孩子大多要拜托给老人照看。但带来的问题就是，父母和老一辈的教育观念存在差异，就会让孩子产生混乱，进而造成教育上的阻力。所以，我们一直倡导父母自己带孩子。在这里我给双职工父母一些带孩子的小建议。第一，父母两人协调好陪伴孩子和做家务的时间，做好分工。晚上，一人做家务，一人陪伴孩子；第二，工作日不开电视，晚上是一家人共同读书学习的时间；第三，每天与家人分享自己遇到的新鲜事。

家校沟通最重要的是让家长感受到班主任的真诚和爱心，坦诚相待，才能达到好的效果，实现教育目的。只要我们心中有爱，眼中有光，坚定前行，定有一路花香！

有效家长会的几点做法

王伟丽

在教育领域，家长会是连接家庭与学校、增进家校合作的重要桥梁，然而传统的家长会往往枯燥乏味，缺乏吸引力。班主任如何巧妙地召开家长会，既让家长感受到有实质内容，又能够通过故事性、方法性和趣味性强的表达吸引他们的注意力，从而促进家校之间的有效沟通与协作呢？以下是一些策略和方法，旨在帮助班主任打造内容丰富的家长会。

准备充分，内容翔实

内容是家长会的核心。班主任需要提前准备，确保会议内容丰富而具体，可以从以下几个方面着手。

教育理念：分享学校的教育理念，让家长了解学生在学校的成长方向。我所在的松岭路小学旨在"把学生培养成为能够传承中国文化与智慧、具有为公精神，能够选择和创造未来美好生活的优秀小学生"。

综合成绩分析：家长会上，班主任不仅要详细分析学生的学习成绩，找出进步和不足，也要分析学生体育、音乐、美术等艺术学科的表现，动员家长鼓励学生全面发展，分析时最好利用数据可视化手段呈现，使信息一目了然。

成功案例：介绍部分学生在各领域的出色表现，用具体的案例展示教育成果，给大多数家长提供可供借鉴的教育经验。

问题与对策：针对班内学生普遍存在的问题，提出具体的解决措施和改进建议。

故事化呈现，情感共鸣

故事具有强大的吸引力和感染力。班主任可以选取一些具有代表性的学生故事进行分享。这些故事可以是关于学习进步的，也可以是关于品德成长的，在讲述故事的过程中，注意以下几点。

真实可信：确保故事的真实性，避免夸大其词，以增强家长的共鸣。

情感投入：讲述时，班主任需要充分表达自己的情感，让学生的故事更加生动和感人；也可以选择让班里表达能力比较强的学生现场讲述。

启示意义：讲好故事不是目的，我们的目标是让家长从故事中得到一些启示，或是肯定学生的努力，或是鼓励家长的支持。

方法指导，实用为主

家长会不仅是信息传达的场合，更是提供教育方法的平台，班主任可以分享以下内容。

分享教育技巧：提供一些实用的家庭教育技巧，比如如何辅导作业、如何调节孩子的情绪。

资源推荐：推荐一些优质的教育资源，包括书籍、教育部门组织的网上课程等。

互动环节：设置问答环节，针对家长的疑惑进行解答，同时收集家长的反馈和建议。

趣味性活动，增强参与

为了打破传统家长会的沉闷氛围，增加一些趣味性活动必不可少，可以考虑以下形式。

小游戏：设计一些简单的教育小游戏，让家长参与活动，体验孩子在学习中的乐趣。

角色扮演：模拟一些家庭教育场景，让家长扮演孩子的角色，体会孩子的思考和感受。

表彰环节：设立一些有趣的奖项，比如"最佳进步奖""最佳亲子互动奖"，表彰在某些方面有突出表现的家庭。

环境布置，营造氛围

会场的环境布置也会影响家长会的氛围。

精心布置会场：使用明亮的色彩，挂上学生的手工作品或优秀的作业，营造温馨和积极向上的氛围。

准备暖心卡片：家长入座前，让学生给自己的爸爸或妈妈制作一张小卡片，写上几句感恩父母的话语。

会后跟进，持续沟通

家长会结束后，班主任的工作并没有结束，有效跟进和持续沟通同样重要。

会后总结：通过微信群、邮件或家校联络本等方式，将家长会的内容和要点发送给每位家长。

定期更新：定期向家长报告学生的学习和生活情况，保持家校之间的信息流通。

个别沟通：对于个别有特殊需求的家庭，班主任应主动进行沟通，提供有针对性的指导和帮助。

综上所述，一次成功的家长会应该是内容充实、故事感人、方法实用、趣味横生的综合体现。班主任在召开家长会时，应该充分考虑从准备到实施，再到会后跟进的每一个细节，力求让家长在每次家长会中都能有所收获，同时感到温馨和愉悦。这样，家校之间的合作将更加紧密，二者共同为孩子的成长和发展提供助力。

家庭溺爱学生的转化

/董丽妮

　　古人常说"惯子如杀子"。这句话在当今的家庭教育中依然具有深刻的现实意义。现在有些家庭在教育孩子时过于溺爱和娇惯。孩子在这样的环境中成长，容易变得任性、自私，缺乏独立自主的能力，最终导致他们在社会中孤立无援，难以融入集体环境。

　　学校教育虽然在知识传授和智力开发方面有着不可替代的作用，但学生的品质和性格的培养并不仅仅依赖于学校。家庭是孩子最早接触的社会环境，父母的言传身教对孩子的影响深远。因此，家庭教育和学校教育应该相辅相成，共同为孩子的全面发展提供支持。

　　硕硕，是我们班一个可爱又调皮的男孩，他对什么都好奇，同时也有着孩子的狡黠，不时给你制造一些"混乱"。他在课堂上对自己感兴趣的事表现得十分积极，但对不感兴趣的事就置若罔闻。在家中做错事情时，他会找一堆的理由，打死不承认错误。在作业方面，他往往是能拖则拖，学习没有恒心、耐心、细心和信心。课间活动时，他和同学追逐打闹，很少自己或和同学玩一些有意义的游戏。"举报"他的学生最多，经常会听到这样的话："老师，硕硕又和×××乱跑了！""硕硕把×××打哭了！"大家都觉得他太皮了，不喜欢和他一起玩。

　　我为了让他有点事情做，让硕硕担任了班干部。这个做法好像起效了，他对自己的行为有了约束，但取得的效果距离我的预期相差甚远。他更多的是回家向妈妈炫耀，老师让他整队，他当班长了。

　　都说家长是孩子的第一任老师，通过与硕硕妈妈交流，我了解到硕硕从小娇生惯养，有爷爷奶奶的保护，使他无所畏惧，逐渐养成了以自我为中心、蛮横娇纵的性格。对于学习，硕硕还是很喜欢的。硕硕很小就喜欢看书，就是有些坐不住。他对于自己感兴趣的东西不会轻易放过，但对自己没兴趣的东西也不会勉强接受。久而久之，他就形成了不服管教，自己做错不认错等行为。对于硕硕来说，上学也许是很有趣的事，不仅能学到以前不会的知识，还能找机会"寻欢作乐"。

针对硕硕的种种情况，我首先找来他的家长一起商讨如何解决孩子动不动就打人的问题。只有家校合力才能帮助孩子彻底改掉坏习惯。我的建议如下：第一，当老师告知家长孩子在学校犯错时，家长在家务必要对孩子进行批评教育；第二，当孩子在家中出现蛮横无理不认错的现象时，也要及时与老师取得联系，借助外力来迫使孩子改正缺点；第三，当孩子犯错时，无论何时何地都要坚持让他承认错误，不要听之任之，而在孩子认识到位的情况下，可以适当进行奖励，鼓励他勇于承认错误。

孩子年幼，不服管教其实只是表面现象，主要还是因为有家人的纵容。想让孩子改正还是很容易的，家长一定要"狠"下心来。如何让硕硕在学校中约束自己，并遵守纪律呢？我想了很多办法。平时只要他的表现稍有好转，我就马上肯定和表扬他。

当看到他主动捡起地上的纸屑时，我就说："你们看，硕硕多关心班级卫生呀！"他听了我的话有些不好意思。从那以后，每天中午吃完午餐，他都会主动去收拾卫生区。当看见他在走廊上指着某个乱跑的小朋友说时，我就会说："你今天做得真好，老师要批评他。我们小学生可不能乱跑了。"他听后很得意。

功夫不负有心人，经过一学期的教育辅导，硕硕的表现终于有了起色。课堂上，他从一个"局外人"到每节课都举手发言。他发言非常积极，尽管有时说得驴唇不对马嘴，但至少说明他对学习更感兴趣了。课后，他能按时完成作业。课间活动时，他下课乱跑的现象还是时有发生，但从他虚心接受批评来看，他也在努力了。相信再多给他一点时间，他能做得更好。

硕硕最大的问题是规矩问题，现阶段学习对他来说还没有什么问题。他的记忆力比较好，只要老师讲过的知识一般他都能记住。在这个过程中，家庭教育和学校教育的密切结合充分说明了，教育不是单方面的。老师更容易发现孩子的不足，而家长的教育则是孩子改正不足的助推剂。

　　俗话说，没有规矩，不成方圆。如果硕硕进入小学后，一味地让其"自生自灭"，很容易让他把重心从学习转移到玩乐上去。目前硕硕面临的主要问题是如何树立规则意识，学会明辨是非，变"以自我为中心"为"心中有他人"。家校共育还在路上，只要家校合力，孩子一定能走得更远、飞得更高。

找回丢失的数学学习兴趣

杨萌萌

周二的游泳课上，未参与游泳活动或请假的学生仍留在教室，由科学老师负责照看。我刚把参加游泳课的学生安全送到游泳馆，便接到了科学老师的电话，他说："杨老师，小洁突然肚子疼得厉害。校医建议让家长接回家休息。"

电话那头，科学老师的声音里满是担忧。"好的，我马上联系她的家长。"我边回应着，边加快脚步向教室赶去。挂断电话后，我赶紧给小洁妈妈打电话，可是一连打了三次都无人接听。紧接着我又给小洁爸爸打电话，还是无人接听。

我只好先赶回教室，又是安抚小杰的情绪，又是照顾她稍作休息。过了一段时间，小洁妈妈终于回电了。我向她详细说明了情况，但她的回应出乎我的意料："这孩子就是不想上数学课，故意装病。您不用管她，让她在教室趴一会儿吧。"

听到小洁妈妈这番话，我内心不禁五味杂陈，既惊讶又心疼小洁。我深知，在这个年纪，孩子的心思虽然细腻却也简单，用装病来逃避不喜欢的课，或许是她能想到的最直接的方式。但这样的行为背后，或许隐藏着更多未被察觉的情感和需求。

午自习时，我将小洁叫到办公室，告诉她如果在数学学习方面有困难可以和老师说说，老师会和她一起想办法解决。听到这儿，小洁抬头看了我一眼，眼神中闪过一丝惊讶，随即又低下了头，声音细若蚊蚋："我……我就是觉得数学好难，听不懂，所以……"

我轻轻地拍了拍她的肩膀，鼓励道："每个人都有遇到困难的时候，包括老师自己。但重要的是，我们要勇敢面对，而不是逃避。老师愿意和你一起努力，找到学习数学的乐趣和方法。而且，我相信你的爸爸妈妈也希望看到你健康快乐地成长，而不是用这种方式来引起他们的注意。"

见小洁的情绪有所缓和，我继续说道："你瞧，你每次语文听写都能保持高正确率，而且字迹工整美观，这说明你是个认真、肯下功夫的孩子。数学虽然与语文不同，但它同样需要耐心和细致。你在语文上的成功，证明了你拥有克服难题的能力，只是可能还没找到那把打开数学之门的钥匙。你可以从基础的例题入手，熟能生巧嘛，再逐渐尝试解决一些简单的练习题。课下也可以和同学交流学习心得。有时候，别人的解题思路和方法可能会给你带来新的启发。我相信，只要你愿意付出努力，并且坚持下去，你的数学成绩一定会提高的。"

小洁的脸上终于露出了一个浅浅的微笑，虽然还有些羞涩，但我能感受到她内心的那份释然和感激。那一刻，我深刻体会到，作为老师，我们不仅要传授知识，更要在学生成长的道路上，给予他们关爱、理解和引导。

在接下来的学习过程中，我与数学老师商讨后决定，无论是家庭作业还是课堂提问，都适当降低难度，以更好地适应小洁的现状。在课堂上，数学老师特意设计一些有针对性的练习，并把握每一个机会鼓励小洁勇敢地站起来回答问题。我想，通过双管齐下，我和数学老师能够逐渐帮助小洁重新找回对数学的兴趣，让她更加自信。

之后，我又与小洁妈妈进行了沟通，希望她能更加关注孩子的心理变化，而不是仅仅停留在表面的行为上。小洁妈妈也知道自己孩子出现了问题，但是觉得自己无能为力，不知道怎么教育孩子。

于是我跟她说，小洁现在正值青春期，心理和生理上都发生了巨大的变化，但她还是个孩子。她才十来岁，在生活、学习中会遇到很多问题和困难。家长如果发现了让她困扰的问题，应及时给予帮助，和她一起解决问题，不要让她孤军奋战。孩子都很敏感，你关心她、爱她，她都能感受到，一旦她觉得父母在意她、鼓励她，她会表现得更好。

小洁妈妈好像一下子意识到了事情的严重性。"原来教育孩子要这样啊，看来我做得太不够了！"同时，我也告诉小洁妈妈，如果有困难应当和老师及时沟通，老师会竭尽全力帮助她。小洁妈妈听得十分认真，不时点头表示赞同。她感激地说："以前我确实忽略了很多细节。从现在开始，我会用心地了解小洁，和她一起成长。"看着她眼中闪烁的坚定，我相信，在不久的将来，小洁定能在爱与理解中绽放出更加灿烂的光彩。

接下来的日子里，我观察到小洁开始有了微妙的变化。她的眼神里多了一份明亮，笑容也更加自然。课间休息时，她不再总是独自坐在角落里，而是主动参与同学们的讨论，偶尔还会听到她清脆的笑声在教室里回荡。这些细微的转变让我深感欣慰，也证明了之前的沟通和引导正在逐渐发挥作用。

小洁妈妈也时常与我保持联系，分享孩子在家中的变化和进步。她感激地说："多亏了您的耐心指导和帮助，小洁现在变得开朗多了，做数学题更加积极了，也愿意和我们分享她的心事。"

经过一段时间的共同努力，小洁的数学成绩有了显著的提升，更重要的是，她重新找回了对学习的信心和热情。她的变化也感染了周围的同学，大家纷纷向她学习。

看着小洁一步步成长和进步，我深感作为教师的责任和使命。我深知，每个孩子都是独一无二的，只要给予他们足够的关爱、理解和引导，他们就能绽放出属于自己的光彩。

一年级新生家长如何培养孩子适应新生活

/ 宋祥玉

教育是一个系统工程，需要孩子、家长、老师、学校和社会的共同参与。刚入学的孩子年龄小、自觉性差，刚从幼儿园相对自由和宽松的环境中来到一个纪律严明、节奏紧张的环境中，可能会出现紧张、不知所措的情形。我们一起从生活习惯方面探讨一下一年级新生的习惯养成，帮助各位家长引导孩子平稳地度过这个时期，为孩子快速融入小学生活打好基础。

第一，培养良好的生活习惯。

对于刚入学的小学生，最重要的是培养时间安排和健康饮食方面的生活习惯。

学校是一个对时间安排要求较高的场所。每天上学放学、上课下课都有严格的时间。为了使孩子较快地适应小学紧张的生活节奏，家长在暑假的后半段就应该着手培养孩子的规律作息，早上不睡懒觉，适当减免午休。正式开学之后，家长应该根据孩子穿衣、吃早饭、到校所需花费的时间，确定孩子的起床时间，争取准时到校。如果孩子出现迟到行为，那么家长当天一定要与孩子总结一下迟到的原因，第二天改正。

饮食方面，家长每天要保证孩子饮水充足，吃饭不挑食，不剩菜剩饭。在学校老师不可能每天每时督促孩子们喝水吃饭，因此，事先培养孩子健康的饮食习惯，能够减少家长不必要的担心。

比如我们班有一个女生，在她正式上小学之前，爸爸妈妈就与她一起计划好了上学之后的时间安排：晚上9点之前入睡，早上7点起床。保证了晚上的睡眠，即使上小学之后午休时间减少了，她也能适应。除了做好时间上的安排，他们还带孩子一起认识了学校，了解了学校周围的交通情况，让孩子对上学产生了向往。

培养孩子良好的生活习惯，做好积极的、正向的引导，这些都是孩子顺利入学的必要前提。

第二，培养自理能力。

自理能力体现在多个方面，首先，家长可以教给孩子自己整理书包。这是一个长期的过程，刚开始，家长可以和孩子一起整理书包，然后逐渐减少参与，直到孩子学会。其次，家长可以教给孩子自己穿衣服。家长可以先给孩子示范，然后陪孩子一起练习。不建议家长给孩子穿比较烦琐的衣服，孩子上体育课、上厕所时会比较麻烦。鞋子平时以运动鞋为主，如果孩子不会系鞋带就不要穿有鞋带的鞋子。

系鞋带是很多孩子上学后都会面临的问题，建议家长在家提前教孩子系鞋带，这也是对动手能力的一种锻炼。我们在新生入学之后，也会教孩子制作简易的鞋子模型，学习系鞋带。

第三，提升自我保护能力。

培养孩子的安全意识和自我保护能力。家长应告诉孩子，在学校被冒犯时，要第一时间用语言和"停"的手势表明自己的态度和立场，如果此时仍不能解决问题，要及时向老师求助。孩子被欺负时，我们不提倡打回去，孩子把握不好还手的力度，万一打重了，造成意想不到的后果，会给双方都造成麻烦。另外，简单地还手，其实并没有妥善地处理问题，反而会阻碍孩子的情商和社会能力的发展。所以，家长一定要鼓励孩子用语言表达自己的感受和想法，面对侵犯时果断表明自己的态度，并及时向老师求助。

第四，培养讲卫生、爱劳动的美德。

保持清洁卫生，是对个人的基本要求。比如饭前便后洗手，正确使用七步洗手法，这是基本的卫生习惯。另外，上小学后每个孩子都有自己的课桌，家长要教给孩子归纳整理书本、文具，清理桌面的橡皮屑，不在课桌上乱涂乱画。

　　学会打扫卫生也是一项重要的劳动技能。进入小学，每个小学生都要为自己班级的卫生负责，因此在家的时候，家长可以教给孩子擦桌子、擦窗户、扫地、拖地等。学会了这些技能，孩子会很有成就感。

　　进入小学后，孩子们有了一个新的角色——小学生。新角色初期，是习惯养成的最佳时机。我们一定要抓住这个时机，多给孩子一些鼓励和引导，为他们的小学生活打好基础。

单亲家庭孩子的成长故事

董丽妮

当今社会，离婚率不断攀升，单亲家庭孩子的教育成为一个日益严峻的问题。作为一名从教20多年的教师，父母离异对孩子造成的伤害常常让我心痛不已，单亲家庭孩子的教育问题也经常令我深思。

我们班有个女生叫小瑄，她是独生女，父母离异后与母亲生活在一起。在家里，她经常一个人躲在房间看书、画画；在学校，她很少与同学交流，性格比较孤僻，也比较敏感，课上很少举手发言。作为班主任，我看在眼里，急在心里。开学不久后的一个晚上，我与小瑄的母亲进行了一次长谈，发现了她在家庭教育方面的不足。

曾经，家对于小瑄来说是一座温馨的乐园。父亲像艳阳，给她勇气和力量；母亲像皓月，给她温暖和慈爱。在这个乐园中生活的小瑄是一个天真活泼的孩子。可是后来，小瑄的父母经常吵架甚至大打出手，家庭氛围变得压抑，孩子也变得寡言少语。父母离异后，生活的担子全部落到了母亲身上，母亲工作很忙，因此给孩子讲故事、与孩子交流的时间越来越少。母亲觉得小瑄比较乖，就经常让她一个人待着。渐渐地，小瑄的性格变了。

我特意查阅了相关资料，了解到离异家庭的孩子主要会出现以下几种心理状态：自卑心理、猜疑心理、逆反心理、补偿心理。

父母离异，家里缺少了温暖，孩子便开始怀疑：父母是否爱我？小朋友会不会看不起我？父母离异后，随着自卑心理和猜疑心理的产生，孩子的逆反心理也渐渐形成。一直很听话的小瑄，有时会没有理由地抗拒母亲、同学的要求，并产生对抗行为。父母离异，孩子在物质、精神上都遭受损失，这时候，孩子就会羡慕其他同学，企图重新获得父母的关爱。

小瑄课间有问题不爱问，不和其他同学玩，性格变得孤僻。她上课不怎么回答问题了，有时候目光呆滞，这使得她的学习成绩一落千丈。小瑄性格内向，不关心他人，也不愿意向别人说自己的事情，没有同学愿意找她玩。她还有课下拿别人东西不归还的行为。可怜的孩子会变成这样，归根结底是源自家庭带给她的伤害。基于以上的分析，我采取了一系列措施，千方百计地抚慰小瑄受伤的心灵。

首先，加强与小瑄家长的联系，说服其家长要尽到做父母的责任，帮助孩子摆脱心理困境。

我定期与小瑄的母亲进行沟通，并经常给她一些建议，比如为孩子创造愉快的家庭氛围。在生活中我们经常看到离异后独自带孩子的一方千方百计地阻挠对方接近孩子，还有些单亲父母忍不住当着孩子的面说对方的坏话，损害对方在孩子心中的形象。小瑄的母亲也有类似的情况。

因此，我常建议小瑄的母亲不要将仇恨的种子撒在孩子的心中，因为那是对孩子幼小心灵的伤害，不利于孩子健全心理的形成。作为母亲，她应努力为孩子创造愉快的家庭氛围，让孩子有接触父亲的机会，弥补父爱的缺失。另外，我还希望小瑄的母亲有空多陪陪孩子，多与孩子交流，别总想着为了让孩子过上幸福的生活而没日没夜地工作、赚钱，因为孩子十分需要母爱。

单亲家庭的父母往往把孩子当作自己唯一的精神支柱，把自己全部的希望都寄托在孩子身上，想让孩子出人头地。有些父母的教育方法比较简单、粗暴，动不动就打骂，这让孩子很苦恼。

记得小瑄上一年级时，有一次数学测验成绩比较差，她因为担心妈妈批评她，放学后一个人待在教室里不愿回家。那一晚，我又与小瑄母亲进行了一次长谈。我告诉小瑄母亲，遇事不要冲动，要给孩子解释的机会。如果孩子做错了，也不该打骂，应该坐下来和孩子一起分析原因、寻找对策，教给孩子正确的处理问题的方法。

其次，要树立与孩子平等交流的家庭教育理念。孩子虽小，但也有自己的思想，只有平等地交流，才能让孩子敞开心扉，才有利于孩子健全人格的形成。在与孩子交流的过程中，家长要多鼓励、肯定孩子。小瑄之所以变得孤僻、内向，很大程度上是因为得不到父母的理解与肯定。

孩子都有参与家庭活动的愿望，单亲家庭的孩子尤其如此，他们需要得到别人的关注与肯定。因此，我常建议小瑄的母亲不要因为有还未做完的家务而忽视与孩子的交流，可以让孩子一起参与家务劳动，和孩子边做家务边沟通，及时了解孩子的心理，给孩子精神上的支持。

平时，家长还要多为孩子创造参加集体活动的机会，让孩子主动与他人交往。必要时，家长还可以让孩子参与家庭重大事情的讨论与决策，以培养孩子开放、包容、乐观的性格。

再次，要尊重孩子，保护孩子的自尊心。具体来说，要努力用心理疏导方法破除孩子的心理障碍，培养孩子的积极情绪。鉴于小瑄不能享受双亲家庭孩子同样多的亲情，我便主动接近她，做她的"第二父母"，做她的知心朋友。平时，我只要看到小瑄拿了别人的东西不还，就找她聊天，问清楚原因。同时，创造机会让她和同学一起活动、游戏。

老师和同学的爱，能够让单亲家庭的孩子感受到来自集体的温暖，恢复心理平衡。我会定期组织主题班会，激发小瑄对生活的热爱，提高心理承受能力。在班级小组活动中，小瑄与同学互帮互助，逐步消除孤独感。

单亲家庭的孩子往往比较敏感，有些事情会使他们产生微妙的心理变化。因此，作为班主任，我坚持以正面鼓励为主，捕捉、发现小瑄在心理、行为方面的进步，并及时给予表扬，增强其自信心，使她的身心健康发展。一旦发现异常情况，我会及时与她谈心，了解情况后，采取合理措施帮助她解决问题。

经过观察我发现，小瑄有着较强的动手能力，而且心地比较善良，于是我鼓励她参加集体活动，为班级做好事，帮助她树立自信。课间活动时，我见她跳绳跳得又快失误又少，就让她为还没有学会的同学做示范。她看到自己的能力得到了肯定，教得十分认真，脸上的笑容也比以前多了。

我还给小瑄布置了一个任务：观察妈妈一天的生活。经过一周的观察，小瑄知道了妈妈的辛苦，也感受到了妈妈对她的爱。我鼓励她要学会坚强，学会感恩。同时，我在学习上、生活上给予她无微不至的关怀，让她知道身边爱她的人并不少。

有人说教师的工作神圣，其实我们只是做了平凡事的平凡人。作为教育工作者，我们在关注并指导家庭教育的同时，更要为这些在特殊家庭环境中成长的孩子提供帮助，引导他们健康发展。

家庭是社会的细胞，也是孩子面临的第一个课堂。社会的、时代的要求往往通过家庭环境，主要是家庭成员的言行以及由此形成的家庭氛围对孩子的成长产生潜移默化的影响。离异家庭的孩子无论跟着父亲还是母亲生活，他们的生活环境都会发生变化，这时就需要我们帮助家长及时调整心态，同时引导孩子对家庭环境有正确的认识。班主任在班级管理中遇到新问题，要敢于正视并逐步解决。

幸福得像花儿一样

杨萌萌

一次期末检测中，小远出人意料地取得了72分的成绩，尤其是他的基础知识，竟然只扣了1分。尽管这一分数在班里或许并不显眼，但对于小远而言，却是一次意义非凡的突破，实属难能可贵。

回想起最初接手这个班级时，每当翻阅到小远的听写本，映入眼帘的总是密密麻麻的红圈，令人十分惊讶。每当听写本下发，其他同学都会迅速投入订正之中，而小远却显得毫不在意，一到课间便飞快地冲出教室，完全把订正听写抛在脑后。除非我把他唤到身旁，紧盯着他，他才会慢条斯理地完成订正。否则，他便会一直拖延至放学，似乎察觉到我拿他无可奈何，便趁机溜之大吉。

我也曾多次与小远家长进行交流，建议他们能在前一天晚上监督小远复习第二天将要听写的内容，巩固记忆。然而，家长仅是口头应允，到了第二天听写时，情况依然如故。一天，我再次拨通了小远妈妈的电话，向她诚恳地表达了我的担忧："这样继续下去，小远会丧失学习的积极性，并逐渐失去信心。"小远的妈妈显得有些无奈，回应道："在家里打也打了，骂也骂了，他就是记不住呀。"

像小远这种后进生，学习成绩一直达不到理想状态，这导致他们产生了破罐子破摔的心态，也让家长逐渐失去了信心。在这种情况下，我只能选择一条道路——无条件地鼓励孩子，努力让他重新感受到学习的乐趣与成就感。

我努力地寻找着夸赞孩子的契机。一天，我把小远叫到办公室，轻轻翻开课本，耐心地向他说明了第二天要听写的内容。随后，我提前为他进行了一次听写练习，并叮嘱他回家后务必再复习一遍，希望他能在第二天的听写中全对。第二天，当我批改到小远的作业时，突然眼前一亮——他竟然写对了一半。我心中涌起一股暖流，这是对小远努力的肯定，也是对我教育方式的正面反馈。我没有着急在全班面前宣布这个结果，而是决定在课后单独与他交流。"小远，看来你昨天晚上的努力没有白费。看，你已经成功了一半！这对你来说是一次很大的进步，老师看到了你的认真和坚持。"我微笑着鼓励他，尽量让语气听起来既温暖又充满力量。

小远的眼睛里闪烁着惊喜与羞涩，他轻轻地低下了头，然后又抬头望向我，似乎在寻求更多的肯定。"我……我还以为我会错很多呢。"他的声音虽小，但我能感受到那份藏在心底的喜悦和成就感。

"错了没关系，重要的是愿意学习、改正。"我边说边轻轻拍了拍他的肩膀，给予他更多的鼓励和支持。

"老师，我会的！我会继续努力，争取下次全对！"小远的声音里充满了决心和信心，他的眼神也变得更加坚定。

那一刻，我知道，我找到了表扬孩子的最佳切入点——那就是在他们每一次微小的进步中，看到他们的努力和坚持，并给予及时的肯定和鼓励。

为了让家长能满怀信心，我特意将小远听写的情况分享给了他的妈妈。尽管这份喜悦如同石沉大海，未激起任何回响，但我依旧坚守信念，继续鼓励孩子前行。

渐渐地，我注意到在课堂上小远的注意力更加集中了，而且还会勇敢地举手回答问题。对此，我总是不吝啬地给予他表扬。

一天，我在批阅"一次印象深刻的_____"半命题的小组漂流作文时，我发现小远写的是一次因为他的学习问题下午放学后我把他的妈妈叫来学校的事情。令我感到惊喜的是，他不仅准确地记录了事情的始末，还巧妙地融入了环境描写、心理刻画以及生动的比喻等修辞手法，使得这次经历跃然纸上。我趁机在全班面前表扬了他并朗读了他的习作。同学们发出了一阵阵赞叹声。

小远为他们小组赢得了积分币。自此以后，小远所在小组的漂流作文频繁地被选为范文，供全班同学学习借鉴。

学期末，无数次的表扬与鼓励，汇聚成了一份令人瞩目的好成绩。于是我在小远的试卷上欣然挥笔，写下了一个大大的"棒"字，以资鼓励。返校那天，我为他颁发了一张"学习进步之星"的奖状。那一刻，他的脸上露出了笑容，幸福得像花儿一样。

晚上，我收到了小远妈妈发来的微信，她写道："谢谢老师对小远的关心与鼓励。"我随即回复："小远是个聪明的孩子，希望在下学期，我们能够继续携手合作，共同努力，让小远的成绩更上一层楼。"

此时此刻，我也幸福得像花儿一样。

很多时候，一些后进生的家长对孩子的学习表现出漠不关心的态度，这并非因为他们不重视孩子，也不是因为他们不关心孩子的学习，而是因为长期以来孩子在学习上的不佳表现让他们无能为力，逐渐丧失了信心。面对这种情况，班主任首先需要调整好自己的心态，不要和家长较劲。当孩子取得任何微小的进步时，班主任都应及时向家长报喜。

报喜的方式多种多样，可以通过电话、微信等通信工具，也可以颁发小奖状等实体物品，关键是要让家长感受到班主任的真诚和用心。在一次次报喜的过程中，家长内心的希望之火可能会被重新点燃，他们可能会重新燃起对孩子的信心，进而愿意与班主任携手合作，共同为孩子的成长付出努力。这样，班主任与家长就能建立起更加紧密的联系，共同为孩子的发展贡献力量。

读书感悟篇

《教师成长的秘密》读书笔记

/姜萌

每位教师都有自己的成长秘密。下面，我将和大家分享在《教师成长的秘密》这本书中发现的教师成长道路上的小秘密。

教海扬帆：一名教师的自我反思与成长之旅

自我反思是一种强大的力量，能让我们及时发现问题并解决问题，以确保自己呈现最好的状态。

当我在教学中尝试了一种新的教学方法，但觉察到学生的兴趣和参与度不够高时，我就会反思教学过程，思考是否全面理解了学生的需求和兴趣，这种教学方法是否与他们的学习方式相匹配。通过这种自我反思，我会马上意识到问题所在，及时调整教学策略，更注重学生的主动参与和个性化需求。

另外，我在批改作业时，发现一部分学生对某个知识点的理解存在困难。我会立刻反思自己在课堂上的讲解是否清晰、示范是否充分，以及是否引导学生进行了有效练习和复习。通过自我反思，我意识到自己在授课时可以提供更多实例，让学生有更多的练习，以帮助学生更好地理解知识点。

作为一名教龄近20年的教师，我心怀对教育事业的热忱与激情。然而有一天，我在一堂课上遭遇了一场纪律问题的"风暴"。学生吵吵闹闹，无法保持专注和安静。这个突如其来的挑战让我陷入了沉思，开始反思自己是否在课前充分准备，是否与学生明确沟通了课堂规则和期望。回想那次准备工作，我渐渐发现了自己的疏漏之处。或许是因为对学生过于宽容，我没有在课前明确地向他们强调课堂规则和期望。学生并不知道在课堂上应该保持安静与专注，于是他们彼此打闹、互相干扰。我打算下一次课前与学生进行一次真诚的对话，向他们阐述课堂规则的重要性，希望他们能够理解并遵守。除了课堂规则，我也开始反思自己的课堂管理策略。我意识到，有的时候我的指令并不够清晰明了，导致学生无法准确理解和执行。为了解决这个问题，我下定决心在之后的每一节课中更加关注自己的语言表达，力求简洁明了。我开始使用更多的图片和示范来帮助学生理解指令。只有当我的指令清晰可行时，学生才能更好地专注于学习。同时，我也意识到奖励机制存在不足。积极激励是引导学生行为的有效方式之一，但我过去并没有充分利用这一方式。反思之后，我决定引入一个全新的奖励系统。我计划每周设立"优秀学生奖"，将获得奖励的学生公之于众，让其他同学看到他们的良好表现并受到鼓舞。

经过一段时间的准备，我开始付诸行动。我首先与学生分享了新的课堂规则，详细解释了规则的重要性。课堂上我从头到尾遵循着指令清晰简明的原则，并给予学生充足的时间理解和执行。同时，我开始实施新的奖励机制，不断鼓励学生积极参与。随着时间的推移，奇迹发生了。课堂秩序明显改善，学生逐渐明白了课堂是一个彼此尊重和互相协作的地方。他们开始自觉遵守规则，专注于学习。我的课堂变得更加和谐融洽，课上学生勇于分享自己的想法和观点。

这让我明白，通过反思自己的教学方法和管理策略，我们能够意识到问题所在，并不断改进，为学生创造一个良好的学习环境。正是因为我的坚持与努力，我成功地解决了纪律问题，让学生重拾对学习的热情并取得了更好的成绩。我相信，只要我拥有爱心与耐心，勇于反思和创新，我将能够成为一名更好的教师，为学生带去更多启迪和希望。

终身学习之路：教师的知识更新与教学创新之旅

书中提到，教师应该保持学习的状态。我们要时刻保持学习的热情，努力跟上时代的步伐。

我始终坚信，持续不断地学习是教师最重要的品质之一。与学生的相处让我明白，知识是无穷的，世界在不断变化，新的发现与观念层出不穷。只有不停地充实自己、更新知识，我们才能跟上时代的步伐，并将最新的学术成果传授给学生。每当我准备向学生介绍新的知识点时，我会不断钻研相关文献资料，参加学术研讨会，并主动与其他同行交流思想。我努力将枯燥的理论转化为生动的教学内容，用丰富的文学语言，把抽象的概念变得形象具体，以便学生能够更轻松地理解和接受。然而，即使经过了精心准备，有时候仍会遇到困难。学生有时会对新知识感到陌生和困惑，这时候我不会灰心丧气，反而会以此为契机，更加关注怎样更好地传授知识。我会通过多种方式进行示范，甚至编写故事来培养学生对知识的兴趣。只要我充满热情，坚持学习并努力创新，即使是最难懂的知识，也能变得生动有趣。

正是因为我持续不断地学习，更新自己的知识，我才能在教育道路上走得更加稳健。我见证了学生从疑惑和困惑到逐渐领悟真理的过程，看到他们脸上恍然大悟的表情，我的内心充满了满足和喜悦。作为一名教师，我深深地明白，我们的责任不仅是传授知识，而且要引导学生成为终身学习者，唤起他们对知识的追求和热爱。只有不断学习、与时俱进，我们才能给予学生更好的教育，让他们在知识的海洋中航行，开启属于他们自己的辉煌人生。

我将继续保持学习的状态，激发学生的学习兴趣，成为一名更加出色的教育者。

个性化教育盛宴：教师调和学生需求的五味教学法

书中提到，每个学生都有不同的需求和潜力。教师，如同餐馆的厨师。每个学生就像是餐馆的客人，拥有独特的口味和喜好。有些人喜欢辣的，对于知识的渴望似乎永不停歇；有些人喜欢甜的，他们需要温柔的引导和鼓励。

作为教师，我们不能灌输知识，而应该了解每个学生的需求和潜力。我们应该像一位厨师一样，根据学生的口味，为他们提供合适的教学方案。我曾教过一个叫小明的学生，他外表普通，却有着与众不同的潜力。然而，由于之前的基础较为薄弱，他对知识产生了恐惧心理。面对这样一个挑战，我决定用我的教育方式改变他的想法，激发他对学习的兴趣。第一次上课，我用温和的声音向小明传达我的关心和理解。我与他建立了良好的师生关系，让他感受到学习环境的温暖和安全。接下来，我开始观察他的学习特点，尝试发现他的兴趣所在。很快，我发现小明对音乐有着浓厚的兴趣。于是，我决定把音乐作为教学的媒介。我编写了一首关于物理知识的歌曲。每当我们上物理课时，我都会唱这首歌，引导小明进入学习状态。我将抽象的物理概念转化为旋律和歌词，让他用音乐的方式感受知识的美妙。随着时间的推移，小明逐渐摆脱了对学习的恐惧，开始主动参与课堂讨论，甚至能够用自己的语言表达出对知识的理解。这时，我知道自己的努力没有白费。小明的眼神中透露出的自信和喜悦，让我深感欣慰。

作为教师，我们需要全面了解每个学生的需求和潜力。只有采用适合他们的教学方式，才能真正触动他们的内心，并激发他们释放自身的潜力。

"忍者"教师的智慧：在挑战与变革中引领学生成长的每一天

书中指出，教师要勇于面对挑战和变革。面对着一大群精力旺盛的小朋友，教师必须练就"超级忍者"功夫，以应对他们的吵闹和突然涌上来的问题。

当上课铃声响起，学生们涌入教室，像一只只活泼的小鸟，充满生机和活力。他们期待着新的知识和冒险，而我则练就"超级忍者"功夫，以应对他们的需求和挑战。有时候，他们会跳跃着提问，如同汹涌的洪流。我必须捕捉每一个问题，并及时回应。有时候，他们会来找我，分享他们的快乐和困惑，我必须微笑着倾听他们的心声。即使我疲惫不堪，也从未停止过对他们的关怀和付出。因为在他们的眼中，我是他们的指引者和朋友，我代表着知识的源泉和成长的希望。

有一天，一个安静而内向的女孩来到我的办公室。她眼神迷茫，轻声诉说着自己的困惑。我认真倾听，用温柔的语言鼓励她，告诉她每个人都有自己成长的节奏。我递给她一本精心准备的绘本，里面全都是关于勇气和坚持的故事。她接过书，脸上浮现出微笑。从那天起，她开始逐渐展现出自信和勇气。她在课堂上举手发言，与同学们积极互动；她在考试中取得了进步，获得了自豪感。她的眼神中透露出的骄傲和喜悦，让我深感欣慰。每天，当我看到这些孩子在知识的海洋中奋力前行时，我都会为自己选择了教育这个行业而感到骄傲。尽管要面对许多挑战，但我愿意付出一切努力，让每个孩子都能找到属于自己的光芒。

看了《教师成长的秘密》，我深刻体会到教师的工作既充满了挑战，也充满了喜悦。每一次的自我反思，每一次的知识更新，每一次对学生的个性化关怀，都是我成长道路上不可或缺的篇章。教育的道路固然充满艰辛，但每当我看到学生在知识的海洋中破浪前行，那份成就感和喜悦便是我最大的动力。我将继续保持对教育的热爱，用幽默和智慧化解困难，用耐心和坚持去照亮每一个学生的未来。在这个充满变化和挑战的时代，我将不懈追求、不断成长，因为我相信，教育的力量能够点亮希望、开启梦想。让我们一起勇敢地面对每一个挑战，用我们的热情和智慧，在学生的心中播下希望的种子，让他们在教育的阳光下绽放出最耀眼的光芒。这是我作为教师的承诺，也是我永不放弃的追求——让我们携手前行，笑对风雨，共同书写教育的华章。

《正面管教》读后感

王伟丽

　　《正面管教》是一本畅销的教育书籍，作者简·尼尔森通过一个个鲜活生动的案例阐明了正面管教的观点。那么，何谓"正面管教"？

　　正面管教是一种既不严厉也不娇纵的管教孩子的方法。孩子只有在一种和善且坚定的氛围中，才能培养出自律、有责任感以及自己解决问题的能力，才能学会使他们受益终身的社会技能和生活技能。

　　事实上，简·尼尔森的很多观点，我们已经耳熟能详了，比如"和善且坚定""尊重与合作""赢得孩子而不是赢了孩子"。经典常读常新，假期再次拜读，对于书中的观点有了更深刻、更全面的认识。这真的是一本让数百万家长和老师受益终身的经典之作。

和善而坚定

　　书中的"和善"我理解为宽容、包容但不纵容；"坚定"指的是坚持原则，守住底线，但不惩罚、不偏执。

　　其实在教育之初，无论父母还是老师，都是以"和善与坚定并行"为教育初心的，只不过在教育的过程中，一些成年人在处理具体的事情时，对二者并行的"度"的把握时左时右，导致"过于和善"，也就是娇纵孩子；或者"过于坚定"，也就是严厉过度，使孩子产生惧怕的心理。

　　还有些成年人会陷入一种恶性循环，在生气的时候过于坚定——因为他们不知道除此之外还能怎么做，也可能想要通过生气时的严厉来体现自己的控制地位；在愤怒之后，他们又会变得过于和善，用比平时更宠溺的态度讨好孩子，以弥补自己的过度坚定。

　　"和善而坚定"是正面管教的根本所在。鲁道夫·德雷克斯告诉了我们对待孩子时和善与坚定并行的重要性："和善"的重要性在于表达我们对孩子的尊重，人生来平等，即便我们身为孩子父母或是老师，也没有支配、控制孩子的权利。当然，这种尊重不是娇惯，不是允许孩子"故意惹恼我们"时我们依然微笑以对，而是让孩子参与他成长过程中的一些规则制定，例如，如何面对错误、如何安排一天时间、如何与人相处。成人往往对孩子照顾过度，包揽孩子的大事小情，剥夺孩子以负责任的方式获得价值感的机会，然后在某些时刻，却又反过来埋怨孩子，嫌他们没有责任感或担当。这是当前很多父母的现状，以"我爱你，为你好"的名义制定规则，要求孩子必须遵守，却忽略了孩子的感受。

　　"坚定"的重要性，则在于尊重我们自己，尊重情形的需要。有的成人认为"坚定"就意味着惩罚或者其他形式的控制，并不是这样。有一个身边的事例，当事人可能并不是因为读过这本书而做到了"和善而坚定"，她的做法却深深触动了作为旁观者的我。

　　高一女孩小婷在妈妈的建议下制订了假期学习计划，其中英语学科的计划是每天背80个新单词。第一天的学习任务顺利完成，第二天在完成其他学科的计划后，因有同学微信联系小婷晚上9点一起玩游戏，所以在背完40多个英语单词后她就想结束当天的学习。妈妈平静却坚定地告诉她："要做一个对自己负责任的人。"小婷很生气，直接告诉妈妈："我不玩游戏了，睡觉！"并且"砰"的一声关上了房门。这样做，她心里除了不忿，也有忐忑。她担心妈妈会愤怒、会说教、会惩罚……此时，如果妈妈非常生气地推门进来指责，出现的结果可能就是孩子的反抗和叛逆，以及在妈妈高压手段之下的被动学习。但是妈妈依然平静地打开了房门，告诉她："今日事今日毕，你要对自己的计划负责任，否则不能睡觉。"在妈妈这种平和的坚持下，小婷找不到反抗的理由，只能坐在学习桌前，完成剩余单词的背诵。

　　值得称赞的是，第二天这位妈妈主动找到孩子，与孩子交流暑期计划制订得是否合理，是否需要重新调整。一旦调整结束，就一定要按照计划来实施，做一个负责任的人。后来的学习生活中，小婷做到了更严谨地制订学习计划，并且顺利考入了当地的"985"大学。

　　不得不说，这是一位和善而坚定的妈妈！在处理事情时，她既表达了对孩子的尊重——不惩罚、不说教、不呵斥,又教会了孩子负责任。

还有一个我自己班中的案例:六年级两个男生打架,谁也不肯先松手。班主任到现场之后,两个人勉强将手从对方身上撤走,却仍然咬牙切齿,紧握双拳。过去遇到这种状况,许多班主任的处理方式是批评、斥责、调查,追究谁是打架的源头。然后,打架的孩子就各种为自己辩护,张口就是"老师,他……"。采用这种处理方式,冲突也可能会被平息,可是当事者互相道歉往往是迫于班主任的威严和班级舆论的压力,口服心不服。

好在读了《正面管教》一书,面对这种情况,我控制了自己的情绪。我来到他们面前,先是将手分别放在两个男生的肩膀上面,注视着他们的眼睛,平静温和地说:"男孩子打架,有时候是不可避免的,但是王老师希望你们用自己的智慧分析一下,今天你们这次打架是真的避免不了吗? 我相信你们两位小男子汉冷静下来之后都会对这件事情有准确的判断。现在开始,各自思索5分钟,然后过来告诉我思考的结果,我希望到时候你们两位的开场白是'这件事我……,而不是他……'。"

几分钟后,两个男生分别走到了我的面前,坦言自己有做得不对的地方,并分析如果当时采取冷静的态度,不仅会避免动手打架,而且会因为礼貌、谦让等文明行为博得同学们的肯定,然后两人握手言和。

在处理这件事情的过程中,我的"和善"体现在充分地尊重孩子,没有惩罚,没有说教,理解这个年龄段孩子的行为,包容他们的过失;同时,也将班主任的"坚定"展现在他们面前——无论从校纪班规,还是与人相处方面来说,这件事情都是不妥当的,需要他们进行自我反思。

尊重和理解

《正面管教》为我在学校教育中实施有效管理提供了深刻的启示。该书的核心理念——通过非惩罚性的方式,在尊重和理解的基础上引导孩子,对教育者而言具有极大的价值。因为我们的目标不仅是传授知识,更重要的是赢得孩子的内心,获得孩子的信任,激发他们的潜能,培养他们成为有责任感和自我调节能力的人。

在我的教学实践中,有一个具体的案例体现了这一理念的力量。

有一次,班上一个平时表现不错的学生小东,在同桌不小心把他的铅笔碰到地上之后，突然在课堂上大发脾气，并且开始哭泣，严重影响了课堂秩序。按照常规做法，我可能会立即制止他的行为，甚至进行说教，但受到《正面管教》中"尊重与理解"理念的启发，我选择了不同的方式。

我冷静地告诉其他同学进行计算练习，然后走到小东的座位旁，轻轻地问他是否愿意和我单独谈谈。等他平静下来后，我们一起走到教室的一角。我温和地询问他情绪失控的原因："我知道你现在可能感觉很难过，是遇到让你不开心的事情了吗？如果你愿意告诉老师，我会尽力帮助你的。"孩子沉默了一会儿，眼神中充满了挣扎和困惑，最后低下头，小声地说："其实并不是因为同桌把我的铅笔碰到了地上，而是因为我今天早上和父母吵架了。"

了解到这一点后，我安慰他说："谢谢你告诉我，我理解你的感受，生活中我们经常会遇到不愉快的事情，让人感到生气或难过，这是正常的，老师也同样会经历。但我们可以找到更好的方式来处理这些情绪，至于哪种方式更适合你，我们可以慢慢尝试。好不好？"我的尊重与理解触动了小东。他的眼中闪烁着泪光，轻轻点了点头，比之前平静了许多。

在我们交谈之后，小东的改变是显而易见的。他回到教室后和同学们一样，拿出练习本开始做题，而且像往常一样积极参与课堂活动。课间，我关注到他与同桌悄悄地交流。事后了解到，小东向同桌和周边同学道歉了，说不应该因为这点小事影响到大家。同学们也表达了各自的理解与关怀。大课间，我发现小东先是与好朋友在操场漫步谈心，后来他俩一起加入大摇绳运动的队伍中，脸上洋溢着灿烂的笑容。

这一刻，我相信小东已经初步找到了缓解自己情绪的方法。

《正面管教》让我认识到，赢得孩子的心是成功教学的关键。这需要我们用爱去倾听，用尊重去回应，用理解去引导。当我们采用这样的方式与孩子相处时，不仅能解决当下的问题，还能培养他们未来面对挑战的能力。

书中的理念和方法已经成为我教学生活中不可或缺的一部分，使我在教育的道路上更加自信和从容。我相信，通过正面管教，我们能够真正赢得孩子，共同走上一条充满爱、理解的成长之路。

窥见教师成长的秘密，收获教师成长的智慧
——《教师成长的秘密》读后感

徐卫红

在探索教师职业发展的道路上，我如饥似渴地翻阅了《教师成长的秘密》一书，找到了开启教育智慧宝库的钥匙。作者管建刚以独特的视角和深厚的情感，引领我们走进教师的心灵世界，体验从新手到专家的成长历程。书中讲述了管建刚从一个普通小学教师到特级教师的成长历程，从中我深刻地体会到了教师成长的艰辛和不易，书中没有高深的理论，却蕴含着朴实的智慧。

满怀热情，享受教育的过程

在书中，管建刚老师写道："寒假快过完了，想着临近的开学，心慌慌的。双休日，想到黑色的星期一，暖烘烘的心头，浇了冰水似的。"在我的教学生涯中，有一段时间，每当寒暑假即将结束，新学期即将开始的时候，我总会感到不安和焦虑。

但正如管建刚老师所说，我们需要时刻提醒自己，多想想上班的好，多想想做老师的好，才能让我们在工作中保持积极的心态，享受教育的美好。我也逐渐意识到，作为一名教师，我们拥有的不仅仅是工作的艰辛和压力，还有许多美好的瞬间。

记得有一次，我在课堂上教一个比较难的数学题时，学生们表现出色，他们积极思考、互相讨论，最终成功地解决了这个问题。那一刻，我感到非常自豪和满足，这样的时刻是教师生涯中最美好的一部分。每当看到学生在

我们的关心和帮助下逐渐成长、进步，我们会有一种成就感。

我们要时刻提醒自己，多想想做老师的好，才能真正享受教育的过程。让我们一起珍惜这份工作，努力提升自己，为学生创造更多的美好瞬间。

渴望出色，与后进生共同进步

管建刚老师在书中提道："一辈子没有活出亮色的人，不是他没有能力，没机遇，往往是他没有真正地渴望过。"对于教师来说，也是如此。一个教师没有渴望，他的教学工作就会缺乏方向和动力，无法取得更好的结果。

因此，我们需要设定目标，并努力追求实现这些目标。无论是教学质量的提高、学生的进步，还是个人能力的提升，都需要我们设定目标并为之努力。比如，班里的后进生是一个特别需要关注的群体。这些学生可能在学习上落后于其他学生，但他们同样渴望进步、渴望优秀。

如果我们能够激发他们的渴望，让他们主动地追求进步，那么他们的学习成绩将会大幅提高。未来，我会更多地关注后进生的学习，与他们共同进步。

奋斗不息，明确教师成长的目标

管建刚老师在书中提道："鸡蛋，从外面打破，那是食物；从里面破壳而出，那是生命。人也是，目标也是。从外面过来的是压力，从自己心里长出来，向外面展开去的，那是真正的动力。"书中还有这么一句话："一个人如果不逼自己一把，永远不知道自己有多优秀。"

作为教师，我们需要不断地学习和成长，才能应对不断变化的教育环境和学生需求。书中提及的"鸡蛋"比喻，让我深刻地认识到，只有从内部打破自己，才能获得真正的成长和进步。

在我自己的教育实践中，我也曾经历许多挑战和困难。有时候，我感到压力很大，甚至想放弃。但是，书中提及的目标让我重新审视了自己的职业方向和人生价值。我开始思考自己的职业规划，明确自己的目标，并为之努力奋斗。

此外，书中还提到了"管住情绪"的重要性。对教师来说，做好情绪管理非常重要，因为我们的言行举止会直接影响学生的成长和发展。急躁和消极的情绪不仅会给自己带来负面影响，也会影响学生和家长。因此，我学会了在面对困难和挑战时保持冷静和理智，用积极的心态去面对问题，并寻找解决方案。

坚持不懈，教育教学的经验和智慧

管建刚老师分享了许多关于教育教学的经验和智慧，其中令我印象最深刻的是他对坚持的重视。他强调，想做好一件事情，没有坚持不懈的韧劲是不行的。这种韧劲不仅体现在面对困难和挑战时，更体现在每天的日常工作中。

管老师每天坚持跳绳1000下，这种坚持是他能够成功的一个重要原因。管老师还提道："成功就是简单的事情反复做、重复做，直到做好为止。"这句话让我深受启发。

作为教师，我们的工作看似简单、平凡，但如果能够每天重复做，把简单的事情做好，那么就会变得不简单、不平凡。这需要我们不断地学习和实践，不断地反思和总结，不断地改进和创新。

记录写作，写下教师成长的秘密

在《教师成长的秘密》这本书中，管老师提到了一个重要的观点：每天花48分钟的时间去记录，无论是记录教育的喜悦、烦恼、小失败还是小智慧，坚持三年，你就能从平凡走向优秀；坚持五年，你就能从优秀走向卓越。

读到这里，我不禁感到羞愧，我曾经是一个不喜欢记录和写作的人。管老师这种利用零碎时间进行思考和记录的方式，让我逐渐懂得如何捕捉教育的点点滴滴，如何分析学生的问题和整理自己的心得。从一开始的几十个字，到现在的长篇大论，我逐渐感受到了写作的乐趣和成就感。

实践是教师成长的必经之路。作为教师，我们需要更多的实践机会，去尝试、去探索、去反思，这样才能逐渐摆脱平凡，走向优秀甚至卓越。

《教师成长的秘密》是本值得一读的好书。它以生动的语言和真实的故事揭示了教师成长的秘密，让我们感受到教育的智慧和力量。我相信，每一位教育工作者都能从这本书中找到适合自己的成长之路，不断追求卓越，为教育事业贡献自己的力量。

在漫长的教学生涯中，我会以管老师的建议为指导，付出200%的努力，让实践成为我成长的助推器。我相信，只要坚持不懈，我一定能成为一名出色的人民教师。这是一场没有终点的旅程，我会在教育的道路上不断前行，书写属于自己的精彩篇章。

《干法》给我的教育启示

宋祥玉

稻盛和夫的《干法》让我深受启发，书中所传递的努力精神、追求完美、利他之心和危机意识等理念，不仅适用于企业经营，也同样适用于教育教学工作。

热爱教育事业，是教育成功的基础

《干法》让我深刻认识到，热爱自己的工作是取得成功的关键。在教育教学中，热爱教育事业意味着我们要关爱每一个学生，用心教育他们。只有热爱教育事业，我们才能在烦琐的教学工作中找到乐趣，才能在面临困难和压力时，始终保持对教育的初心和热情。

从教十多年，在教育教学工作中我遇到过一些困难：家长因为孩子和同学之间的小矛盾要到派出所报案，甚至要发到网上；孩子回家后，因为一些莫须有的事情向家长哭诉，家长十分生气……虽然如此，我依然热爱教育工作，喜欢与学生交流，看他们成长，喜欢与学生聊天，和他们一起玩游戏。这些快乐的时光滋养着我，让我更有动力工作。

付出不亚于任何人的努力，提升教育教学水平

稻盛和夫的努力精神让我意识到，作为一名教师，我需要不断学习，努力提升自己的教育教学水平。在教学实践中，我要付出比别人更多的努力，备好每一节课，关注每一个学生的成长，不断反思和改进自己的教学方法。只有这样，我才能在教育教学工作中取得更好的成绩。

记得刚转行当小学老师的时候，通过学校几天的培训，我最大的感受

是要努力做一名科研型的老师。埋头教书，只看路，不看天的时代已经过去了。所以，在后来的教学工作中，我积极报名参与学校的课题研究，为课题研究加班加点做调查、统计数据，放弃了很多休息时间。我虽然做的都是一些琐碎的事情，但在这个过程中积累了一些经验。再到后来参与区里的课题研究，写科研材料，我逐渐把科研发展成自己的特长，并在这方面取得了一些成绩，包括获评山东省优秀课例，两次获评青岛市精品课程，参与的省、市规划课题均已结题。这些都是因为认清方向、付出努力才取得的成绩。

　　作为教师，我们要追求教学质量的不断提升。所以我对每一堂课、每一次作业、每一次考试都精益求精，力求达到最佳效果。同时，我们还要关注学生的个性化发展，因材施教，让每个学生都能在原有基础上获得进步。

　　《干法》让我认识到，在教育改革的大背景下，要始终保持危机意识，不断学习新的教育理念、教学方法和教育技术，以适应教育改革的需求。同时，要敢于挑战自己，勇于创新，不断学习，为学生的全面发展贡献自己的力量。

关爱学生，实现师生共同成长

　　在教育教学中，利他之心体现在关爱学生、尊重学生、信任学生等方面。作为一名教师，我要时刻关注学生的身心健康，关心他们的生活，帮助他们解决成长中的困惑。同时，要以身作则，为学生树立良好的榜样，实现师生共同成长。

　　曾经，我的班上有一个名叫小小的学生，她的思维很活跃，课堂表现非常好，成绩虽然谈不上出色，但能一直保持在中上游水平，也很喜欢与同学交往。进入四年级，我发现小小的情绪明显不对，上课经常犯困，回答问题也不那么积极了，与同学相处时出现了被排斥的情况。在一次心理测评中，我发现小小需要关注，决定找她谈谈，了解情况。原来小小家里又添了一个弟弟，爸爸的工作遇到了麻烦，经常会有人堵在家门口要债，这些都让还不到十岁的她备感压力。爸爸妈妈没有时间和精力顾及她。了解到这些情况后，我意识到了小小面临的困境，决定采取行动。

　　首先，做一个好的倾听者，试着理解她。我认真倾听小小的烦恼和困惑，给予她充分的关注和理解。我告诉小小，班级是一个大家庭，每个同学都很重要，她不是孤单的。我鼓励小小积极参加班级活动，与其他同学友好相处。我告诉她，无论遇到什么困难，都可以向我寻求帮助。

其次，我与小小的妈妈进行了多次沟通，建议她多关注小小的学习和生活，同时我也向学校申请了一些资源，为小小提供必要的帮助。

再次，小小每一次在学习上取得进步，哪怕是很小的进步，我都会及时表扬她，让她感受到自己的努力是被看见和认可的。我也让其他任课老师表扬她的每一次进步，多在课堂上提问她会的问题，帮助她重建自信。

随着时间的推移，小小逐渐恢复了往日的开朗，成绩有了明显的提升。她在班级中的表现越来越积极，与同学们的关系也越来越融洽。

拥有利他之心意味着我们要从学生的实际需求出发，不仅关注他们的学习成绩，更要关心他们的心理状态、家庭环境和个人成长。通过倾听、理解、支持、激励和合作，我们可以帮助学生在困境中找到方向，让他们健康成长。利他之心不仅是教师职业道德的体现，更是教育力量的源泉。

总之，《干法》一书为我的教育教学工作提供了许多有益的启示。在今后的工作中，我将以此书为鉴，不断提升自己的教育教学水平，为我国的教育事业贡献自己的力量。

《教师成长的秘密》读后感

徐鑫

暑假，我阅读了管建刚老师《教师成长的秘密》。书中，管建刚老师以自己的教育成长为蓝本，从"2.18%的教育基础""120%的教育渴望""75%的教育行动""63%的教育韧劲""10%的教育写作"五个方面娓娓道来，展示了他从一名普通农村小学教师到全国著名特级教师的心路历程，为普通老师的成长指明了方向。

作为数学老师，我对数字很敏感。通过对比各部分标题中的百分比不难看出，管建刚老师认为教育渴望最重要。渴望成长的教师，才能更快、更好地成长。其实回过头想想，我们对于学生的要求也是这样，在平常的教学过程中，我们批评最多的不是学不会的孩子。孩子学不会很正常，智力水平总会有差距，老师把他教会就好了。我们批评最多的是那些学有余力，但学习态度不端正的孩子。用管老师的话讲，就是缺少学习渴望的孩子。所以说，学习这件事，不论对于小孩来讲，还是对于大人来说，道理都是一样的。我们应该摆正自己的心态，把自己看作成长道路上的小学生，哪怕笨一点，哪怕慢一点，总能学会，总能学好。

教龄已达11年的我，对于教育和成长这件事，已经有了一些不成熟的思考。从《教师成长的秘密》中，我解读出几个专业发展的关键词。

关键词一：动力。

人只有跳出舒适圈才能有进步，就像嫩芽破土而出需要动力。2008年，管建刚老师刚被评为特级教师，与孙双金老师一起吃饭。孙老师告诉他："这次，江苏省中小学评了将近400名特级教师，可几年后，还能让大家记住的大概不会超过4个。"一席话，给春风得意的他注入了强劲的清醒剂。他将勉励化作动力，坚持作文教学研究，成为小学语文界"一直有声音"的特级教师之一。人的成长，真的很需要动力。经常能听到这样的声音：一级教师评上了，高级教师没有戏，躺平了。其实我在刚评上一级教师时，确实也有过这样的想法，那样多轻松。幸运的是，我的身边有很多好长辈和好领导，他们一直在背后推着我前进。再后来被推着前进习惯了，也不好意思偷懒了，慢慢地形成了一点自觉性，这才有了现在的我。当然，推着我成长的绝大多数是外力。如果都是内力的话，可能我会获得更多成长。这也是我需要不断鞭策自己的地方。就如管老师所说："鸡蛋，从外面打破，那是食物；从里面破壳而出，那是生命。"

关键词二：体验。

曾经读过一篇文章，作者有幸见到了管老师，与管老师进行了半小时的谈话。作者告诉管老师，自己走了很多弯路、错路、冤枉路，辛苦一番后，才发现自己摸索的方法、总结的经验别人早有了。管老师听后，语重心长地说："追求与行动比什么都重要，不要怕走弯路，走过弯路才厚实、厚重。"更有甚者，管老师的亲身经历就是最好的诠释，三年经商，八年村小，十年成特级，十二年坚持办《班级作文周报》，中间走了多少弯路，不言自明。

其实回头想想，谁的人生是一帆风顺的呢？我们一直都在经历走弯路并不断修正的过程，即使最后发现自己总结的经验之前早有人总结过，我们的情绪也不应该是沮丧，而应是共鸣的快乐，而且经历了过程，总应该有属于自己的体验，绝对不会白费的。

我们的课堂不也是这样吗？我们摒弃了满堂灌式的教学模式，倡导学生体验探究的过程。学生体验的是探究的过程，提升的是数学思维，结果并不重要。道理和我们的人生是一样的。

所以走弯路和犯错误何尝不是一种人生经验的积累，没有不撞南墙不回头的精神，也成不了大师。

关键词三：积累。

作为一名理科生，写作一直是我的"老大难"，可能当面讲能讲清楚的事，落到笔头上就完全变了味，不知所云，想发表篇论文更是难上加难。通过阅读，管老师给我解开了困惑："一天工作以8小时计算，480分钟，你要能匀出10%的时间，或者多付出10%的时间，即48分钟，用在记录上，记录当天的教育喜悦、教育烦恼、教育小失败、教育小智慧。""千万不要等。灵感从来不是等出来的，灵感是写出来的，你写啊写，灵感一个个冒出来了。"

我清楚地记得，刚走上教师岗位时，姥爷就和我说过，每天写点东西，不在于字数多少，在于每天坚持。当时我不以为然，所以只坚持了2天，我就放弃了。现在想想，如果当时能一直坚持下去，现在就不用为此发愁了。亡羊补牢，为时未晚。现在有了这样的感悟也算是一种进步，我决定从现在起开始记录，先从自己最擅长的方面入手，不间断地写，表达能力也许就进步了。

通过阅读《教师成长的秘密》，我最大的感受是想要获得个人成长，什么时候都不算晚。当然，想要成长，首先要克服自己的惰性，跳出舒适圈，才能凤凰涅槃。我，才刚上路呢！

《给教师的建议》读后感

王帅

苏霍姆林斯基是苏联一位具有30多年教育实践经验的教育理论家。最近，我阅读了他的著作《给教师的建议》。书中介绍了给教师的100条建议。每一条建议，既有生动的实际事例，又有理论分析。表达深入浅出，通顺流畅。书中许多独到的见解能给我们带来很多启发，特别是对一线教师来说，对于提高我们的教育教学水平有很大帮助。

书中体现出的苏霍姆林斯基的敬业精神、反思实践的能力都使我深深震撼。他善于激发学生的学习兴趣，想尽办法减轻学生负担，培养学生获取知识的能力，把教变为学。我印象最深的便是苏霍姆林斯基对学生深深的理解、宽容、尊重、热爱，特别是他对后进生倾注了很多心血。他认为教育是一种个性化很强的艺术，没有一种通用的方法可以适用于所有的孩子。每个孩子的精神世界都是一本独特的、非常耐读而且不易读懂的书，需要老师用智慧和理性去理解，做孩子的知音，理解孩子每一个行为背后的意义，知道他们为什么这样做而不那样做的原因。他们每一个细微的量变，都是在积累和孕育着一个伟大的质的飞跃，而老师的理解和宽容、欣赏和赞许，则是促进孩子加速前进的动力。

苏霍姆林斯基认为，学生犯了错误不一定就是"坏学生"。这使我想起了英国科学家麦克劳德的故事。麦克劳德上小学的时候偷偷地杀死了校长家的狗，这是难以原谅的错误。但麦克劳德遇到了一位高明的校长，校长惩罚他画两张解剖图——狗的血液循环图和骨骼结构图。正是这个包含理解、宽容的"惩罚"，使小麦克劳德爱上了生物学，并最终因发现胰岛素在治疗糖尿病中的作用而走上了诺贝尔奖的领奖台。

　　反思我们的教育，我们有时候也习惯于给一些调皮捣蛋的孩子戴上"坏"帽子，随意地给他们贴上"坏孩子"的标签，其结果往往是影响了孩子的身心健康。孩子们正处在身心发展的重要阶段，是非观念尚未成熟，对一些问题有不正确的看法和错误的做法是难免的。仔细想想，其实孩子犯错误时，他们迫切想要得到的是老师的理解和帮助，而绝不是粗暴的批评和惩罚。孩子正是通过不断从错误中吸取教训而成长、成熟起来的。其实孩子看起来最不值得爱的时候，恰恰是他们最需要爱的时候。如果我们讨厌孩子，那么我们的教育还没有开始，实质上就已经结束了，让我们时常想一想教育专家的谆谆告诫："你的鞭下有瓦特，你的冷眼里有牛顿，你的讥笑中有爱迪生。"

　　读了这本书，我的感触很深。我深刻领悟到教育重在师生间的相互信赖，而信赖取决于民主平等地沟通。只有尊重孩子，才能教育孩子；没有尊重，就不可能有真正意义上的教育。作为教师，我们应该学会"蹲下来跟孩子说话"，对孩子倾注全部热情，和孩子平等相处，给他们亲切感、安全感和信赖感。爱孩子，就必须走进孩子的情感世界，就必须把自己当作他们的朋友，去感受他们的喜怒哀乐，以心灵感受心灵。

　　教师应当有爱的情感、爱的行为和爱的艺术。爱是一种信任，爱是一种尊重，爱是一种鞭策，爱是一种激情，只有把孩子当作平等的人、自主的人，才会产生爱的情感。只有把孩子的成长和自己所从事的事业紧密相连时，才会增强爱的情感。记得有人问著名特级教师斯霞老师，她的教育为何会如此成功？斯霞老师将她几十年教学生涯成功的真谛，归结为"童心母爱"，热爱学生，永远以平和、愉快、友好和鼓励的方式对待孩子。爱的教育，最终目的是让孩子在感受到教师无私的爱后，把这种爱自觉地传递给周围的人，进而爱我们的社会、爱我们的民族、爱我们的国家。

　　苏联著名教育家马卡·连柯说："我的基本原则永远是尽量多地要求一个人，同时也要尽可能多地尊重一个人。"在今后的工作中，我将用这些理论不断充实自己、完善自己，在实践中不断反思，真正地尊重、关爱每一个孩子。

《教师成长的秘密》读后感

杨萌萌

第一次听闻管建刚老师的名字，是在我刚刚踏入职场、初为人师之际。同事间闲聊时提及，管建刚老师在作文教学上颇有建树。于是，我怀着好奇与期待的心情，寻找管老师的作文教学实录。

尽管管建刚老师的普通话没那么流利，但这并未影响他教学主张和方法的深入传达。我仔细观看了他的教学实录，深感其教学方法之独到、教学理念之先进。他能够引导学生主动、愉快地投入写作，让学生在享受写作的过程中提升语文素养。这是非常难能可贵的。

管建刚老师的教学方法，不仅注重知识的传授，更强调对学生写作兴趣和能力的培养。他通过生动有趣的教学方式，激发学生对写作的热情，让他们在轻松愉快的氛围中学习写作。这种寓教于乐的教学方式，让我深受启发，也让我对管建刚老师充满了敬意。

暑假，在工作室王老师的大力推荐下，我静下心来细读了管建刚老师所著的《教师成长的秘密》。这本书如同一把钥匙，让我获得了关于教育世界的新认知，让我对教育生活有了更加深刻的理解。细细品味书中的文字，我隐约感受到了管建刚老师那种坚持不懈、执着追求的精神。

他的成长之路并非一帆风顺，但正是凭借着那股不服输的劲头和志气，他从一名普通的农村小学教师逐渐成长为一名特级教师。在阅读这本书的过程中，我沉浸其中，仿佛与管建刚老师一同经历了那些教育生活中的点点滴滴。书中的文字生动鲜活，让我感受到了教育的温度与力量。我惊喜地发现，原来那些看似枯燥的日常教学，竟然隐藏着如此多的鲜活细节和值得记录的时刻。

管建刚老师的文字不仅吸引了我,而且让我对教育有了更多的思考和感悟。我开始反思自己的教学方式和方法,思考如何更好地激发学生的学习兴趣和潜力。同时,我也从书中汲取了前行的动力,明白了作为一名教师,我应该坚持学习,不断提升自己的专业素养和教育教学能力。

教育渴望

这本书共有五部分:第一部分,2.18%的基础教育;第二部分,120%的教育渴望;第三部分,75%的教育奋斗;第四部分,63%的教育韧劲;第五部分,10%的教育写作。从这些百分比我们不难看出,管老师成长的秘密中,最重要的是对教育的渴望。我想,这应该算得上主要秘诀了。正如管老师所说,渴望衍生出的热情可以解决一切困难。

管建刚老师最初的教育渴望源于朴素的生活目标,但他并未止步于此,而是不断设立新的目标,用渴望推动自己不断前行。这种持续不断的追求和渴望,让他在教育领域取得了卓越的成就。而让他持之以恒地坚持练就真本事的,则源于教育偶像——谈永康老师、薛法根老师、魏书生老师。或近或远的教育偶像不仅为他指明了前进的方向,更为他注入了无尽的动力。他们的成就和理念激励着管建刚老师不断磨炼自己的教育技艺,努力成为更好的自己。

作为教师,我们应该像管建刚老师一样,保持对教育的渴望和热情。我们应该时刻反思自己的教学方式和方法,努力提升自己的专业素养和教育教学能力。同时,我们也应该寻找自己的教育偶像,从他们的成功经验和教育理念中汲取养分,为自己的成长之路注入更多的动力。

坚持就是胜利

书中有这么一句话:一个人如果不逼自己一把,永远不知道自己有多优秀。管老师每天逼自己写1000个字,每天逼自己跳1000下绳。坚持下来,身体好了,字也漂亮了。为了提高学生的写作兴趣,他萌生出办《班级作文周刊》的念头,一直坚持到现在,办了12年、600多期《班级作文周报》。虽然管老师这12年间遇到层出不穷的困难,但是每遇到一个困难,他都逼自己想出一个点子来解决问题,就这样成就了他的作文奋斗史。

管老师给学生作文投稿时，一次不成，就投10次、20次、100次。稿子投出去了，石沉大海也要投，不以质量取胜，也要以数量取胜。这样屡败屡战，终于成功了。他就是这样一个懂得坚持的人，一旦确定了前行的方向，便会矢志不渝地沿着这条道路前行，直至抵达他人难以企及的远方。他努力让自己热爱并投入当前的工作，这种自我驱动的精神令人钦佩。

作为教育工作者，我们时常会听到各种抱怨之声。许多人沉迷于安逸的生活，过分纵容自己，对待工作敷衍塞责。有时，我们会以身体不适、精力不足等理由来推脱工作责任。然而，当岁月流逝，年复一年，我们回首过去，不禁惊觉，尽管工作多年，却鲜有实质性的进步与成长。这时，我们往往会深感懊悔，为何当初没有勇敢地拼搏一把。

因此，我们应该向管老师学习，勇于面对挑战，不断逼迫自己跳出舒适区，热爱并投入工作。只有这样，我们才能在教育事业中不断成长，实现自我价值，避免留下遗憾。

管老师在书中运用了一个生动的比喻来阐释我们与工作的关系：就如同夫妻间的共同生活，当我们以积极的态度去欣赏工作的优点时，工作便显得尤为出色；反之，若我们总是聚焦于其不足，那么工作便显得一团糟。在日常工作中，我们不可避免地会遇到各种棘手的问题，然而，正是通过逼自己去热爱并全身心地投入当前的工作，我们才能像陀螺般不停地围绕工作旋转，无暇顾及烦恼，逐一解决面临的问题。

这样的过程虽然辛苦，但当我们回首一天的工作，会发现自己完成了许多任务，从而体验到巨大的成就感和满足感。因此，我们不妨在当下适度地挑战自己、磨炼自己，因为在未来的日子里，你会发现那些曾经挥洒汗水、历经艰辛的时光，在回忆中竟是如此甜美而珍贵。

教育写作

管老师认为：每天将48分钟"用在记录上，记录当天的教育喜悦、教育烦恼、教育小失败、教育小智慧。记上三年，你一定能从'平凡'走向'优秀'；再记五年，你一定能从'优秀'走向'卓越'"。细想我们身边不乏教育故事，不乏教育灵感，缺乏的往往是持之以恒的记录。

记录，不仅是文字的堆砌，更是一种对生活的珍视与对知识的尊重。记录不必长篇大论，一两句精炼的表述便足以捕捉瞬间的智慧，几十句详尽的叙述则能更深入地展现事件的原貌。

记录时不需要过多的预设与构思。只要保持真实与及时，便能让其价值得以体现。真实，是记录的灵魂，它赋予文字生命，使之成为有价值的资料；及时，则是记录的保障，防止那些稍纵即逝的灵感和感悟在时间的洪流中消逝。

遗忘，是记忆的敌人，它会在不经意间偷走我们的宝贵财富。因此，唯有通过记录，我们才能将那些闪现的灵感永久地留存下来。记录的内容不应局限于成功的案例，失败的教训同样值得珍视。当我们拿起笔，将教育中的困扰与挫败转化为文字时，这些经历便成为一个个引人入胜的故事。

通过回顾这些故事，我们能够更清晰地认识自己的不足，进而找到改进的方向，及时进行补救。随着记录的积累，我们可以对这些故事进行深入的分析与研究。通过同类合并、异类分项的方法，我们可以归纳自己的教育发现，形成独具特色的教育故事。此后，在阅读相关的教育理论书籍时，我们会发现，理论与实践之间的鸿沟正在逐渐缩小，教育专著的阅读也变得愈发有趣且富有意义。

通过记录与反思，我们不仅能够丰富自己的教育经验，而且能不断提升自己的教育实践水平。因此，让我们从现在开始，用心记录身边的每一个教育故事与灵感，让它们成为我们成长道路上的宝贵财富。

读完全书，我仿佛跟随着管建刚老师一同经历了他不断奋斗与成长的人生轨迹。管老师的人生故事不仅真实而质朴，而且带着难以言表的亲切感，完全没有矫揉造作的成分，也未曾涉及深奥晦涩的理论，却在无形中触及我的思想深处，使我的心灵受到了强烈的震撼。

管老师凭借其不懈的努力和坚定的信念，为我树立了一个值得终身学习和效仿的榜样。他的故事，不仅是个人成长历程的真实写照，更是对坚持和毅力的生动诠释，对我而言具有深远的启示意义。

自我成长之路：
读《教师成长的秘密》有感

董丽妮

读了管建刚老师的《教师成长的秘密》，感悟颇深。本书分为教育基础、教育渴望、教育奋斗、教育韧劲、教育写作五个部分，体现了对教师成长来说非常重要的几个方面：兴趣、个人态度、工作精神、个人反思。

首先是兴趣，做班主任的兴趣。有的人喜欢做班主任，觉得不做班主任就不能完整地享受教师生涯。有的人觉得可做可不做，学校安排了就做，不安排就不做。还有的人压根不想做班主任或者不适合做班主任。阅读《教师成长的秘密》期间，我恰好接触了几位不同的班主任。我们从不同的角度交流了班主任工作的经验和感悟。

交流中我们使用频率较高的词有两个，一个是"爱"，另一个是"责任"。老师们用鲜活的案例诠释了"没有爱就没有教育""没有责任就办不好教育"。从大家的交流中，我感受到了做班主任的快乐和幸福，领略了优秀班主任的教育智慧和艺术。

祁老师把"小助手用到了极致"；陈老师用真心、真情、真诚拯救了一个徘徊迷茫的孩子，用爱心助力孩子健康成长；苗苗老师既认真又睿智，在细微之处彰显爱心，她对单亲家庭学生和成绩优秀学生的教育方法值得大家借鉴。听着大家的交流，我深深地感受到，每一位优秀班主任都是爱的使者、责任的化身，他们把爱的阳光洒满学生心田，把教育的责任担在肩上，把班主任工作的酸、苦、辣埋在心里，把班主任工作的甜写在脸上。

其次是个人态度。态度决定一切。有了兴趣，工作的态度自然积极向上。参加工作二十几年来，我认真做好备课、上课、作业布置等日常工作，努力改进教学方式、方法，在实践中查缺补漏，遇到自己无法解决的问题就积极向同事请教，努力做到课前准备好、课中讲解透、课后督促检查足。课堂上我力求贴近学生生活，最大限度地运用自己所学的知识，激发学生的学习兴趣，培养学生的实践能力。课后我积极和同事探讨教学中遇到的问题，努力寻找解决方法，提升自己的教学能力，逐步形成了自己的教学风格，深受家长的青睐。

再次是工作精神。教师职业的特殊性质，决定了教师的"身教"在整个教育过程中具有不可忽视的重要作用。教师是人类灵魂的工程师，是知识和文明的传播者。我们要教会学生做人，使学生掌握现代化科学知识，还要不断完善自我，与时俱进。

参加工作以来，我一直担任班主任。班主任工作就是"一只老母鸡领着一群鸡宝宝，学习捉虫、刨土的本领的过程"。班主任工作有苦也有甜，累并快乐着。班主任不仅是一个班级的组织者和管理者，还是一个班级的教育者。班主任与学生相处的时间比其他老师要多得多，班主任的一举一动都会对学生产生较大的影响。俗话说，身教重于言教。因此，我平时严格要求自己，要求学生做到的，自己要先做到。

最后，教师要有自我反思的能力。教学反思是指教师对教育教学实践的再认识、再思考，并以此来总结经验教训，进一步提高教育教学水平。教学反思是教师提高业务水平的一种有效手段。很多教师会从自己的教育实践中反观自己的得失，通过教育案例、教育故事或教育心得等提高教学反思的质量。

教学反思包括教学前反思、教学中反思、教学后反思。教学前反思包括反思教学内容、教学方法和教学目标等是否适合学生的需要。教师要列出对本学科、本册教材、本单元、本课进行反思的关键项目。例如：第一，需要教给学生关键概念、结论和事实；第二，教学重点和难点的确定是否准确；第三，教学内容的深度和范围是否适合学生现有水平；第四，所设计的活动是否有助于达到教学目标；第五，教学内容的呈现方式是否符合学生的年龄和心理特征；第六，哪些学生需要特别关注；第七，哪些条件会影响教学效果……

教学中反思是指在教学中反思自己的教学行为，以调整自己的教学策略。教学后反思是指在一堂课或一个阶段的课上完后，对自己已经上过的课进行回顾和评价。

教师生涯也就是几十年的光景，但在这个过程中，我们可能会影响几代人的命运，所以且行且珍惜。干一行，爱一行，专一行，要无愧于我们的人生。

当有温度的老师，做有温情的教育
——《正面管教》读后感

/ 刘霞

　　美国简·尼尔森博士的《正面管教》，将和善与坚定进行融合，倡导孩子自我控制，并以此为基础培养孩子的种种生活技能。这就要求我们将"尊重和理解"放在首位。孩子不良行为背后可能有多种原因，我们需要根据孩子的表现进行细致解读，而不是"想让孩子做得更好，就得先让他感觉更糟"。

　　有的孩子之所以犯错误，是想要寻求关注，还有的孩子是为了寻求权利，也有的是为了报复，更有甚者是想要自暴自弃。孩子为什么会有不当行为呢？是因为他们丧失了信心。我们要通过孩子的错误行为解读"他真正想要告诉我的是什么"。

　　那么，怎样才是有效管教也就是正面管教呢？书中介绍了有效管教的标准，即和善与坚定地尊重和鼓励孩子、管理长期有效、教给孩子有价值的社会技能和生活技能、培养孩子的良好品格等。

　　第七章讲到的有效地运用鼓励给了我很多灵感。正是因为有效地运用鼓励，我的班级管理工作如鱼得水。

　　这个学年，我重新回到一年级带新的"小豆豆"。这是时隔七年的轮回。看着一张张天真可爱的笑脸，听着他们喊着"刘老师我喜欢你""刘老师好温柔"，我暗下决心：要尽我所有，给他们最好的教育。

　　接手这一届学生前，我做了很多班级建设的设想，也努力训练开学常规，但是我不得不感慨，他们非常自信，对于班规校纪总是有自己独特的想法，特别是班上的子陌和一斯两个男孩：他们总在教室里打闹，迟迟不回到自己的座位，弄得教室里一片嘈杂声。上课的时候他们不但不认真听讲，还和其他同学讲话或搞小动作，导致我每节课都要分出精力来管理他们两个。与此同时，其他科任教师也向我反映这个问题。

对于习惯了按部就班教学的我来说，有时进退两难，若是处罚过严，怕对学生的身心健康产生不良影响；如果放任不管，肯定会影响班风，对孩子的成长不利。

通过学习，我认识到了正面管教的积极作用，用一种既不严厉也不娇纵的管教孩子的方法，让孩子在和善而坚定的气氛中培养责任感、自律、合作以及自己解决问题的能力，让他们学会受益终身的生活技能，取得良好的学习成绩。

我尝试用正面管教的方式引导这两个男孩成长。

鼓励让他们有归属感和价值感。一个行为不当的孩子其实是在说"我只是想有所归属"。我与这两个男孩的家长进行了真诚的沟通。从家长的叙述中，我了解到孩子之所以如此"肆无忌惮"，共同的深层原因是他们在幼儿园时被批评得多、鼓励得少，集体观念淡漠，不自信，总的来说就是没有归属感。

德雷克斯告诉我们："孩子们需要鼓励，正如植物需要水，没有鼓励，他们就无法生存。"简·尼尔森博士认为，帮助一个行为不当的孩子最好的方法就是鼓励。是啊，老师和家长批评孩子时总是头头是道，但是其实孩子还是特别需要鼓励的。一次温暖的鼓励会让孩子开心很久。

改善而不是完美，着眼于优点而不是缺点。其实每一个人都有优点和缺点，这两个孩子也是如此。我尝试着罗列了他们的优缺点，发现他们的优点其实远多于缺点。

其中一个孩子虽然活泼好动，但是特别热心，经常帮助同学；善于人际交往，和很多孩子是好朋友。我也有误会他的地方，我以为他上课不学习是故意调皮，其实是因为他的眼睛高度近视。另一个孩子阳光帅气，小男子汉气概满满，热情开朗，虽然自控能力有待提高，但是很听老师的话，努力以高标准要求自己。

把85%的时间和精力都用来关注15%的消极方面时，消极方面就会膨胀，而积极方面不久就会消失。你看到什么就会得到什么。另一方面，如果把85%的精力和时间用来认可并鼓励积极的方面，消极方面就会很快消失，而积极方面就会增长到100%，因为这是你所看到的全部。

孩子作为不断成长的个体，出现任何状况都是难免的。我们要用发展的眼光看待他们。我对两个孩子降低要求，关注他们的优点，公开场合承认他们的进步，用这样的方式鼓舞他们继续努力。

作出弥补对于犯错的孩子来说是良药。孩子有了不良行为，我们应该怎么处理呢？简·尼尔森博士认为，要给有不良行为的孩子一个弥补错误的机会，引导他们认识到，他们并没有"逃脱"不良行为的责任，而是在受到尊重的情况下用弥补的方式为自己的行为负责任。

有一次，一斯上课时随意离开座位、扰乱课堂秩序。我让他通过帮忙管理自习课堂纪律的方式作出弥补。我对他非常尊重，而他也觉得十分自豪，认真管理自习课堂纪律，真是一举多得。

我会让乱扔垃圾的学生当卫生检察官，负责班级一天的卫生管理；让喜欢在走廊里奔跑的学生当楼道管理员，负责楼层纪律，规劝奔跑的同学慢下来；让上课不认真听讲的学生当小老师，给全班同学讲一道题；让打架的学生给对方画一幅画或者写一封赞美信……

总之，有了不当行为，用非惩罚的方式让孩子作出弥补其实是鼓励，不但可以培养孩子的责任感，还可以平复犯错后的羞耻感。

自我评价时引导孩子肯定自己。小学阶段是孩子成长过程中自我评价能力形成的初始阶段，孩子会从依赖成人对自己的评价到慢慢学会自我评价。老师对孩子的肯定或否定评价对孩子有深远的影响，所以我在评价孩子时会照顾孩子的成长需求，经常鼓励、肯定孩子。

首先，着眼于优点而不是缺点，当指出哪里做得好时，孩子往往会希望继续做好，或者做得更好。其次，老师必须客观、公正地评价孩子，孩子是发展中的个体，不可能完美，所以需要用发展的眼光看待孩子。最后，老师评价的最终目的是引导孩子学会自我评价。

试着抱一抱，让师生关系更融洽。作为老师，我们拥抱一个品学兼优的孩子不难，拥抱一个乖巧可爱的孩子不难，拥抱一个学习成绩平平但默默无闻的孩子也不难，但如果让我们真诚地拥抱一个顽劣成性的孩子就很难。但是，如果老师给予他们足够的关爱和支持，他们就会重视自己，不断完善自我。

所以，我每天都会给两个别人眼中的"熊孩子"一个爱的抱抱，让他们感受到爱的力量，从被爱到自爱，从爱自己进而爱他人、爱班级。在此期间，子陌的变化非常大，他的许多举动都让我深受感动。我们班里有个智力障碍学生，他不会表达、经常乱跑。我注意到，每到放学的时候，小个子的子陌总是会牵着这个全班个子最高的男孩，一路不松手，就怕他走丢了。每次拥抱子陌，我都会真诚地跟他说"谢谢"，谢谢他这么爱同学。子陌的眼睛里闪烁着欣喜的光芒，他之后的表现也越来越好。

正面管教：构建和谐师生关系，促进学生全面发展

姜萌

正面管教以相互尊重和合作为基础。正面管教把和善与坚定融为一体，并以此为基石，在孩子自我控制的基础上，培养孩子的各项生活技能。这就要求家长和老师不断地成长、不断地学习。想要孩子成为怎样的人，首先我们自己得成为怎样的人。我们要给予孩子更多的鼓励。和善而又坚定要求我们既要尊重孩子，又要尊重我们自己。当看到孩子的情绪无法控制时，最好的办法是冷静地看着孩子发泄，等孩子情绪平静下来以后再去讲道理。当父母和老师的情绪无法控制时，最好的办法就是走开。这样做并不是放任不管，而是父母和老师不能迫使孩子以尊重的态度对待我们时，我们可以用尊重的态度对待自己，给孩子时间和空间去反思。过一会儿，我们再去与孩子交谈，让孩子明白我们接纳他们的情绪，但是我们不接纳他们的错误行为。坚定意味着界限，界限的制定与保持，需要孩子参与其中。父母和老师应该适当放手，让孩子承担一些责任。我们首先要做的就是赢得孩子，让其心甘情愿地与我们共同合作。这就需要老师和家长共同努力，调整自己在与孩子交往过程中的态度、语气、方式，而且要多换位思考，让孩子健康快乐、阳光自信地成长。

有一次，我买了一个新的玻璃水杯。我刚把它放到教室，等我去办公室拿东西再回来时，就发现水杯掉在地上碎了。我马上问班上同学谁把水杯摔碎了。可是全班同学异口同声地说："老师，我没有！"36双眼睛坚定地看着我，他们的声音那么响亮。我想肯定是36人中的其中一人摔碎的。我再

仔细打量全班同学，有一个同学眼神恍惚。我大概知道是谁摔碎的了。我马上说："老师曾经也犯过同样的错误，弄坏了妈妈的东西，因为怕妈妈责骂，所以不敢承认错误。但第二天我主动承认了错误，妈妈并没有责怪我。那么今天同学们也是一样的，我们要做诚实的、知错就改的好孩子。你现在可以不用马上跟我承认错误，等下课你单独找我说一声就行了。我不会责怪你，我喜欢主动承认错误的孩子。"一天过去了，两天过去了，到了第三天早上，那个女孩跑过来说："老师，对不起，是我不小心摔坏了您的水杯。"我当时只是微笑着拥抱她，说："孩子，你的手有没有被玻璃划伤？做错事很正常，勇敢承认错误，就是好孩子。现在跟老师说出来，是不是也轻松多了？我们把这件事忘记，下次做事要小心一点，老师相信你一定可以做到。"这件事之后，我明显发现这个女孩做什么都很认真、很细心，她比以前更加阳光自信了。

如果非要给过去的教师生涯找一个工作重点的话，那我想是一直努力备好课站稳讲台，并提高课堂的效率。回顾以往，这个所谓的重点无非是作为教师在"教育教学"四个字中的"教学"基本功上投入更多的精力。然而对于另外两个字"教育"，恐怕没有太多的思考甚至追求。德育需要时间的沉淀、经验的积累。这也是我下决心要读几本教育类专著的原因。于是，我首先从《正面管教》这本书开始。书的第二章提出了正面管教的几个基本概念，下文试着以问答的方式对这一章进行总结。

问题一："赢了孩子"与"赢得孩子"之间的区别是什么？

从字面上很容易理解，"赢了孩子"指的是家长或者老师以长辈或者管理者的角色，通过使用控制、惩罚的手段战胜孩子；而"赢得孩子"是指家长或老师维护孩子的尊严，以尊重的态度对待孩子，相信孩子能够与大人合作并贡献他们的力量。"赢了孩子"这样的做法并不罕见，但并没有解决问题。文章还告诉我们，这种态度对孩子是极其有害的。这样会培养出两种性格的孩子：更加反叛或者盲目顺从。"反叛"的结果与我们的教育初衷背道而驰；"盲目顺从"的孩子的自尊受到极大损伤，变成"讨好者"或者"总是寻求别人的认可，认为自己的价值取决于别人的认可"。这都不利于孩子的成长。

在学习方面，明晓一直以来都是班级里的佼佼者，老师和家长都对他寄予厚望。然而，在一次期末数学考试中，明晓由于考试前一夜复习得太晚，加上考试当天紧张，犯了一些低级错误，成绩有所下滑。

明晓的父亲在家长会上得知了这个消息，脸色立刻变得铁青。回到家后，他采取"赢了孩子"的教育方式，对着明晓大声斥责："你怎么这么不争气！你对得起我和你妈妈的辛苦付出吗？"说完，他取消了明晓周末的篮球活动。

面对父亲的严厉批评，明晓的心里充满了委屈和自责。他低着头，泪水在眼眶里打转，却不敢流下来。在接下来的日子里，明晓的性格发生了明显的变化。一方面，他开始反叛，对学习产生了抵触情绪。他故意不完成作业，甚至在数学课上故意捣乱，以此来表达对父亲教育方式的不满。另一方面，他在家里变得盲目顺从，生怕再惹父亲生气。他开始小心翼翼地做每一件事，努力寻求父亲的认可，连吃饭都战战兢兢。

明晓的成绩并没有因为父亲的惩罚而提高，反而因为他对学习的抵触而继续下滑。他的眼神失去了往日的光彩，原本活泼开朗的他变得沉默寡言。他的自尊心受到了严重打击，开始怀疑自己的价值，觉得只有得到好成绩才能被家人认可。

这个案例让我们更加深刻地体会到"赢了孩子"的教育方式对孩子心灵的摧残。如果我们能够以"赢得孩子"的态度去对待明晓，耐心倾听他的心声，帮助他分析问题，鼓励他从失败中走出来，相信明晓会重新找回自信，绽放出属于他的光芒。

问题二：赢得合作的四个步骤是什么？

要培养孩子的自尊，我们需要掌握赢得合作的四个步骤。

第一，表达对孩子感受的理解。

第二，表达对孩子的同情，而不是宽恕。注意同情并不表示你认同或者宽恕孩子的行为，而只是意味着你理解孩子的感受。

第三，告诉孩子你的感受。真诚友善地执行前两个步骤，营造积极的对话环境。

第四，让孩子关注于解决问题。

立华最近在学校里与同学发生了冲突。回到家后，他的情绪非常低落，一个人躲在房间里，拒绝与家人交流。立华的母亲注意到了他的情绪变化，决定采取一种不同的方式来处理这个问题。

母亲轻轻敲了敲立华的房门，柔声问道："立华，我看你今天回来后一直不太开心，能告诉妈妈发生了什么事吗？妈妈知道你现在可能很难受。"

立华沉默了一会儿，终于开口说出了在学校发生的事情。母亲听后，轻轻地抚摸着立华的头发，说道："妈妈能理解你为什么会生气，和同学之间的矛盾确实会让人感到沮丧。妈妈小时候也有过类似的经历。"

母亲接着说："但是，立华，妈妈看到你现在这个样子，心里很担心。我们是一家人，无论发生什么，都可以一起面对。妈妈希望你能把心里的感受都说出来，我们一起想办法解决。"

母亲继续引导立华，说："现在，我们来想想有什么办法可以解决这个问题，让你和同学之间的关系变得更好。你觉得可以做些什么来改善这种情况呢？"

通过这样的对话，立华开始思考解决问题的方法，而不是沉浸在负面情绪中。他提出了几个想法，比如主动与同学沟通、在冲突发生时尝试冷静下来。母亲对立华的想法表示了肯定，并鼓励他在学校尝试这些方法。最终，立华的情绪得到了释放，他也学会了如何更好地处理人际关系。

问题三：我们必须具备哪些重要的态度才能有效地进行正面管教？

言行背后的态度比说了什么和做了什么更加重要。同样一句话，态度不同会给他人带来不同的感觉。当我们问"你可以从你的错误当中学到什么"时，既可以用羞辱、责备的态度，也可以用亲近、信任的态度。如果我们打心底里认为失败是学习的机会，就不会用不耐烦的语气对自己的孩子或者学生说出"这都不会，给你讲过多少遍了"这样的话。鼓励、理解、尊重是正面管教的基本态度。

尔冬经常在数学课上犯一些基础性错误。一天，尔冬在课堂练习中又一次犯了同样的错误。几位同学开始窃窃私语，她显得有些尴尬和沮丧。我注意到后决定利用这个机会教育全班同学，同时也帮助尔冬从错误中学习。

我走到尔冬身边，用温和而坚定的语气问："尔冬，你能告诉老师，你从这次的错误中学到了什么吗？"我的语气中没有一丝责备，反而充满了期待和信任。尔冬抬头看着我，犹豫了一下，然后小声地说："我学到了在做题时要更仔细地检查，不能着急。"我微笑着点头，然后对全班同学说："同学们，你们知道吗？每个人都会犯错误，包括老师在内。但是，重要的是我们从错误中学到了什么。尔冬今天就很勇敢地分享了她的学习收获，我们应该为她鼓掌。"

我继续说："我们不应该因为别人犯错误而嘲笑他们，而是应该帮助他们，因为我们也可能会遇到同样的困难。记住，失败不是终点，而是学习的机会。"

通过这次经历，尔冬和其他同学都感受到了老师的鼓励、理解和尊重。班级的氛围变得更加包容和友好，学生也更愿意在犯错时主动寻求帮助并改正，而不是害怕被责备。正面管教的态度不仅帮助尔冬成长，也促进了班级积极学习氛围的形成。

正面管教的核心理念是"赢得学生的心"。这意味着教师应该通过理解、尊重和关爱来与学生建立良好的关系，而不是通过惩罚或威胁来控制他们的行为。这种方法鼓励学生参与决策过程，让他们感受到自己的意见和感受被尊重和重视。正面管教强调积极的激励和奖励，而不是消极的惩罚。教师应该关注学生的优点和进步，并给予积极的反馈和奖励。这种方法可以帮助学生建立自信和自尊，从而更愿意遵循规则和承担责任。正面管教也强调一致性和规则的重要性。教师应该设定清晰的规则，并坚持执行它们。这种方法可以帮助学生学会自我管理和遵守规则，从而更好地适应学习环境。

总的来说，正面管教是一种以尊重和理解为基础的班级管理方法，旨在培养学生的自律、责任感、合作以及解决问题的能力。它强调建立一种和善而坚定的学习环境，让学生在关爱中成长，从而培养出有益于他们终身的社会技能和生活技能。通过正面管教，学生能够学会自我管理，更好地适应学习环境，并在学业上取得优异成绩。这种管理方法注重与学生的沟通和互动，鼓励他们独立思考和作出决策，同时给予必要的支持和指导。

温故知新

——重读《正面管教》的感想

宋祥玉

《正面管教》是一本畅销的教育书籍，作者简·尼尔森通过一个个鲜活生动的案例阐明了正面管教的观点。那么，何谓正面管教？

正面管教是一种既不严厉也不娇纵的管教孩子的方法。孩子只有在一种和善而坚定的氛围中，才能培养出自律、责任感以及自己解决问题的能力，才能学会使他们受益终身的社会技能和生活技能。

经典常读常新，再次阅读我又有了新的感悟。

共情孩子

通常我们所说的共情孩子，可能是共情孩子的情绪、感受。孩子遇到困难时，我们让孩子说出自己的感受，然后寻求解决方案。但其实共情孩子不只包括情感上的共鸣，还包括权利上的共情。

我们班里有一个学生，她在班级里表现出超出同龄孩子的独立自理能力。在家，父母让她自己的事情自己做主，家里的事情也要听听她的意见。慢慢地，孩子对各种事情有了自己独立的看法和见解。

班级中也是如此。其实，共情孩子的权利从某种意义上说是一种放手，让孩子参与家庭、班级的建设，让学生做自己班级的主人，让他们感受到自己的价值，他们才会更喜欢这个集体，更愿意为集体作贡献。

丢掉挑剔的眼光

简·尼尔森认为，要"肯定孩子的任何积极努力，不论多么微小。放弃你对孩子的任何完美主义的期待，关注孩子的优点"。对小学生来说，老师的一句表扬，他也许能记一辈子。老师持续的鼓励可能会让他产生巨大的改变。所以，我们要善于发现并抓住教育契机，选择合适的时机鼓励孩子。

去年，班里来了一个转校生。他刚来的时候，学习习惯很差，上课不认真听讲，坐姿不端正，下课在班级内、走廊里和其他同学打闹。其他同学向我告他的状，说他打架、说脏话等。

表面上看，他的确让人头疼。但我发现他有一个优点，就是跑得特别快。学校运动会前夕，我为几个参加短跑比赛的孩子加油打气，他也在其中。他很激动，也很兴奋，跃跃欲试、摩拳擦掌。我很期待他的成绩。

果然，最后他破了校100米短跑纪录，获得了第一名。我从他的眼睛里看到了光，天真无邪的光。运动会结束后，我大力表扬了他，肯定了他的天赋和努力，相信他不仅体育好，而且在学习等方面也能做得很好。

果然自此以后，他就像换了个人，不再低头不听课，而是积极地回应老师。他个子比较高，坐在后面，但他的积极性带动了周围的同学。其他老师也向我反映了他的进步。生活中，他也变得很有礼貌。于是，我向他的家长反映了孩子在学校的进步。家长很高兴，也经常鼓励他。

我非常庆幸自己没有放弃他，庆幸自己抓住了改变他的契机。教育一个优秀孩子固然让我欣慰，但改变一个后进生会带给我更多的成就感。而这正是因为我丢掉了挑剔的眼光，努力寻找他的优点，最终帮助他健康快乐地成长。

召开家庭会议

帮助孩子和父母学会有效沟通的一个好办法，就是定期召开家庭会议，使全家人能有机会在每周一次的家庭会议上相聚，回顾总结过去的一周，尝试用头脑风暴的方法解决问题，并从中选择出对所有家庭成员都有益的方法。

在头脑风暴的过程中，家人共同思考和解决问题，意见相左的家庭成员互相靠拢、互相支持，孩子能在这个过程中学会怎样与他人协商、怎样在集体中表达自己的观点，并能相互包容，最终讨论出解决方案。

家长经常告诉孩子不要做什么。不做，其实一种负向的强调，孩子听到的总是"不要……"。那正确的是什么呢？答案是看别人的做法。这样一来孩子可能学会的是模仿，而不是寻找适合自己的解决方法。而正面管教关注的是教给孩子要做什么，关注问题的解决。孩子是整个过程的积极参与者，而不是被动接受者。

我是一名老师，也是一名母亲。不断学习与进步是对学生负责，也是对自己的孩子负责。所以，我要坚持阅读经典教育著作，并不断提高自己的教育教学能力。

做一名和善而坚定的好老师

——读《正面管教》有感

徐鑫

　　读完《正面管教》后，我最大的感受是要想成为一名好老师、好的教育者，真的应该好好研究心理学。

　　其实，孩子的每一个行为，无论是好的还是坏的，背后都有心理学方面的原因，我们只有弄明白孩子内心真实的想法，我们的教育才能做到有的放矢。就像兵法里说的，知己知彼，百战不殆。我之前的教育工作缺乏理论上的指导，以后要继续学习，好好学习，用理论指导实践。

　　另外，这本书不止适合老师看，也适合家长看。看完这本书后，我反思了自己与女儿的相处，发现有很多需要改进的地方。

　　好了，我们来看看这本书吧。

　　《正面管教》这本书的英文名称是Positive Discipline，直译是积极的纪律。我们要给孩子创造一个有纪律性的环境，这个环境所带来的应该是积极的影响。

　　这本书中，有一句话十分重要——和善而坚定。其实这是心理学家鲁道夫·德雷克斯的观点，他认为，"和善"的重要性在于表达我们对孩子的尊重，"坚定"的重要性在于尊重我们自己、尊重情形的需要。

　　鲁道夫·德雷克斯是作者在序言中提到的心理学家，除了他还有阿尔弗雷德·阿德勒。

　　这两个人的心理学研究给《正面管教》奠定了扎实的理论基础，而《正面管教》将其发展成了一套系统性的方法。德雷克斯和阿德勒认为，我们培养一个孩子最重要的目标是要培养孩子七项感知能力和技能。这七项感知能力和技能是一个人在这一生当中所必备的。

第一个是对个人能力的感知力，就是觉得这件事我能行，我有我的能力。

第二个是对自己在重要关系中价值的感知力，即我的贡献是有价值的，大家需要我。

第三个是对自己在生活中的力量或影响的感知力，即我能够影响发生在自己身上的事情。

第四个是内省的能力很强。有能力理解个人的情绪，并且能够利用这种理解，做到自律以及自我控制。

第五个是人际沟通的能力强。善于与他人合作，并且在沟通协作的基础上建立友谊。

第六个是整体把握能力强，以有责任感、适应力、灵活性和正直的态度来对待日常生活中的各种限制以及行为后果。

第七个是判断能力强，运用智慧，根据适宜的价值观来评估局面。

这七项感知能力和技能看起来有些复杂，但它们将会为一个孩子的一生打下牢固的基础。

通常情况下，父母与孩子的互动方式大致可以分为三种。

第一种是严厉，有的父母会非常严厉。第二种是娇纵，没有规矩。第三种是正面管教，和善与坚定并行。正面管教就是介于严厉和娇纵之间的教育方式，把握好中间这个度非常重要。

第一种，严厉。有的家长对孩子很严厉，但其实是家长把教育中的焦虑情绪通过严厉的方式传递给了孩子，而且传递的是负能量。这种方式短期内有效，但是从长期来看是没有效果的。

用严厉的方式控制的孩子，只是短暂地在父母面前表现得很乖，之后他们可能表现出愤恨、报复、反叛、退缩等，并出现责任感缺失、自律性差等问题。

一个人的自律性高低取决于他的自尊水平，而这种严厉的教育方式会使孩子的自尊水平大幅下降。自尊水平越低，孩子就越没有自律性。

第二种，娇纵。这种娇纵的方式会使孩子没有自信。孩子看起来非常开心，实际上他十分没有自信。因为他不知道自己行为的边界在哪。他只是觉得父母好像能够包容他所做的一切。最后，这样的孩子容易形成成瘾性人格，因为父母给他的指导不够多。

阿德勒有一个重要的研究，他说孩子跟大人最大的区别在于，孩子的感知能力特别强，但是孩子的解读能力特别差。

举一个例子，妈妈生了一个小妹妹，然后哥哥发现妈妈有了小妹妹以后就更多地照顾小妹妹。

哥哥的感知和解读是什么呢？他感知到他的爱被分给了小妹妹。但是他怎么解读这件事呢？他的解读是如果我也像小妹妹一样就能得到更多的爱了。于是，哥哥尿床、把大便拉在裤子里、不好好吃饭等。他用各种各样的方法来获取父母的注意力，这就是一种错误的解读。很多孩子对父母行为的解读都是错误的。

父母像是孩子的导游。孩子来到这个世界上以后，他对这个世界是陌生的，他根本不知道这个是为什么，也不知道那个是为什么。父母要向他解释为什么要这样做，为什么不能那么做，要为他树立边界。

第三，正面管教。正面管教的核心就是我们要学会和善而坚定。那么如何判断教育方法是否有效？简·尼尔森认为，判断教育方法是否有效主要看这四个方面。

第一，教育者是否做到了和善而坚定，就是让孩子感觉到无条件的爱，但是又有明确的边界，让孩子感受到安全感。

第二，教育者有没有给孩子带来归属感和价值感。阿德勒认为，孩子在童年的时候追求两件事，第一个是归属感，第二个是价值感。

第三，教育方法是否长期有效。很多父母十分严厉，经常对孩子大喊大叫，但这些方法并不长期有效。

第四，是否有助于培养孩子有价值的生活技能和良好品格。

符合这四个特征才是有效的教育方法。

另外，我们要"赢得孩子"，而不是"赢了孩子"。很多时候，父母总是期望在各个方面"赢了孩子"，小到要选什么颜色的衣服，大到要做什么工作，父母都要说了算。父母要赢，孩子就一定会输。父母习惯做一个赢家，孩子就习惯做一个输家。

什么叫"赢得孩子"？就是要让孩子感受到父母对他们的关爱和尊重，遇到问题时能和父母一起寻找解决方法。

以爱之名，育人于心
——读《正面管教》有感
王帅

几年前第一次拿起《正面管教》这本书，就被书中的一段话吸引："正面管教是一种既不严厉也不娇纵的方法……它以相互尊重与合作为基础，把和善与坚定融为一体，以此为基石，在孩子自我控制的基础上，培养孩子的各项技能……"看了这本书之后，"既不严厉也不娇纵"这句话就一直萦绕在我的脑海里。

于是从那时起，我尝试改变自己和学生之间的交流方式。虽然"严厉"与"娇纵"之间的度有时候并不太好把控，但我始终在努力平衡。这本书让我重新审视了自己的班级管理方式和管理理念，让我在构建师生关系方面有了更深入的思考。

寒假里，我再次拿起了《正面管教》这本书，细细品读，发现经过几年的积淀，书中的一些观点仍然让我有所触动。

转变观念，保持和善而坚定的态度

正面管教一个核心内容是保持和善而坚定。和善其实就是将学生视为独立主体，就是让老师以爱为前提，以尊重的态度对待学生，让学生感受到老师理解他们的内心感受。坚定就是老师对原则、规则的坚持，让学生感受到在教育的过程中不仅有对他们的爱，还有对原则的坚持。只有这样，才能培养出学生的自律和责任感。和善而坚定的态度是实施正面管教的基础。老师要不断学习，先改变自己，然后在不知不觉中影响学生，从而看到学生的改变。

这不禁让我想起初当老师时,用"蛮力"带班的情景。比如,每当上课铃响了半天,学生依旧静不下心来,在教室里吵吵闹闹,书本、学习用品都没有准备好。我的火气一下子就被"点燃"了,朝他们大吼。最终,学生在我的"强压"下安静下来,准备上课。那时候的我,只会用老师的权威来压制学生各种不得体的行为。我相信,只要我一吼,他们就会停下来。可是如果我不在班里,其他老师来班里上课,也一样会见到菜市场般的吵闹场景。

直到2019年,一种参与式、互动式的主题班会模式的推广,让我眼前一亮。于是,我想通过一次主题班会教育学生主动做好课前准备。在班会课上,我没有像以往一样,要求他们应该怎样做,而是给予他们充分的尊重,先用情景剧的形式让他们充分认识到没有做好课前准备对学习的影响,然后与他们商量解决的办法。

学生在这一次班会课上讨论制定了《班级公约》,并建议我,如果他们做好了,老师可以怎样奖励。我欣然接受,但同时也提出了,如果有人没有遵守,要接受怎样的惩罚。最后,我们一致通过了《班级公约》。

在以后的日子里,班级的课前准备工作有了很大的改善。我们按照约定,对表现优秀的学生给予奖励。在这个过程中,偶尔会有学生管不住自己,违反了班级的规定,我会严格按照《班级公约》,对学生进行小小的惩罚。慢慢地,班级的课前准备以及课前纪律越来越好。即使老师不在,学生也能认真地做好各项课前准备。这件班级管理的小事让我认识到尊重孩子的重要性,但尊重并不代表没有原则与底线。作为一名班主任,我只有做到严慈相济,才能让学生"既爱又怕"。

让学生有归属感和价值感

《正面管教》中写道:"一个行为不当的孩子,是一个丧失信心的孩子。""一个行为不当的孩子是在试图告诉我们:'我感受不到归属或自我价值,而且我对如何得到它们抱有错误的想法。'"因此,在进行班级管理时,要让每个学生感觉自己是重要的,是被班级中其他成员需要的。这样他们就不会为了寻求归属感和自我价值感,而产生一些错误的行为,不会形成自卑的心理或因此而变得毫无责任心。

小栾就是一个典型的需要归属感和价值感的孩子。之前他总是会为了在同学和老师面前"刷存在感",而作出一些破坏班级纪律的行为。了解这个情况后,我就寻找机会,培养他的价值感。一天,班里收作业时,有个孩子没有交作业,被小栾发现了。于是,他把这件事告诉了我。我让他帮助没交作业的同学补好作业,并在全班同学面前说:"感谢小栾同学,他及时发现了作业问题,帮助没交作业的同学改正了错误。小栾同学真是班里不可或缺的人啊。"

之后,小栾就协助课代表完成收作业的任务,并且每天在班里向我和全班同学汇报作业情况。从此以后,再也看不到小栾下课后和其他同学打闹的身影,他成为一个兢兢业业收作业、查作业的小帮手。

当然,小栾偶尔也会有犯错误的时候,但我总是对他仁慈一些,不断地给他心理暗示:老师对待他和对待别人是不一样的,希望他能作出表率。后来我不再教他,但教师节的时候,他给我做了一个贺卡。上面的一句话深深地触动了我:"王老师,我不是您最出色的学生,但您一定是我最好的老师。我知道您对我的那些另眼相看,其实是为了鼓励我,让我找到更好的自己。感谢您的付出。"直到那时我才知道,原来这个孩子知道我这样做的目的。我也庆幸自己选对了教育方式,让他成为更优秀的自己。

定期召开班会,让每个学生做班级的小主人

班会为老师和学生提供了共同合作、相互帮助并解决问题的机会。想让每个学生成为班级的小主人,那就必须让每个学生都参与班级事务。老师要经常组织主题班会,利用班会,让学生参与班级规则的制定,让学生发现班级生活中的问题,让学生参与执行规则和解决问题,以此来激发学生进行自我管教的主动性。

很多年前,魏书生在讲班级管理时提到"人人有事做,事事有人做"这一方法。所以,在我的班级里,40个学生每个人都有自己的岗位。除了班长、副班长、学习委员、卫生委员、纪律委员等这些常规的岗位之外,我还安排了许多小岗位。

例如,我安排了三位生活管理员,负责监督全班的午餐纪律、"光盘行动"、餐盘摆放整齐、餐桌保持整洁、分发水果等工作,我们将每天发现的问题在放学前的班级一日总结中反馈整改。

我还安排了两位图书管理员，负责借阅书籍登记。每天整理书橱，保持书橱干净整洁。

另外，我安排了两位门窗灯开关管理员。他们每天的任务是保证教室没有人时，做到"三关"，关门、关灯、关窗户。这个看似不起眼的小岗位，发挥了重要的作用，让学生养成了随手关门窗、节约用电的好习惯。

此类的小岗位很多。这些岗位是在班会上以学生自荐和推荐的方式产生的，同时我们会在每个月的班会上选出本月最佳小岗位管理员，给予他们奖励，增强他们工作的积极性。这样的管理模式增强了学生的主人翁意识，每个人既是管理者也是被管理者，每个人都可以参与班级管理，让他们找到了责任感和归属感。

老师要做个好榜样

《正面管教》中提出，老师要成为孩子的榜样。"你要为你希望教给孩子们做的事情——好品格所需的社会技能和人生技能——作出榜样。"所有的孩子都是仰望老师的，都在用"心"看着。俗话说，说一千遍不及做一遍。如果希望孩子能够做到"什么时候做什么事"，就要先跟他们约定好，如果违反了，就要受到惩罚；如果老师违反了，也要受到惩罚。

比如，学生不能在教室或走廊内奔跑，老师首先不能奔跑。老师要求学生见到任何老师都要问好，老师见到学生的时候，也要面带微笑示好。若有学生向我们打招呼，我们也要微笑着回应。老师的态度影响学生的态度，老师的行为影响学生的行为。榜样的力量是伟大的！

《正面管教》里有很多好的方法值得我们学习并付诸实践。以爱之名，育人于心。让我们用正面管教的方法，培养孩子尊重他人、关心他人、善于解决问题、勇于承担责任、乐于奉献、愿意合作等好习惯吧！

《卡尔·威特的教育》读后感

杨萌萌

在阅读了《卡尔·威特的教育》之后，我的内心仿佛被一股温暖而坚定的力量所触动。阅读这本书是一次心灵的洗礼，让我对教育有了全新的理解和认识。这本书不仅揭示了家庭教育的奥秘，也为我提供了在班级管理中值得借鉴的理念和方法。

首先，我深刻体会到个性化教育的重要性。老卡尔·威特强调因材施教，根据孩子的个性和特点来制订教育计划。在班主任工作中，这意味着我们需要关注每一个学生的独特性，了解他们的兴趣、特长、学习风格以及面临的挑战。通过个别谈话、观察记录、家校沟通等方式，我们可以更准确地掌握学生的需求，为他们提供个性化的指导和支持。这种个性化的教育不仅有助于激发学生的学习兴趣和动力，还能促进他们的全面发展。

其次，我认识到情感教育在班级管理中的不可或缺性。老卡尔·威特夫妇通过言传身教，为孩子营造了一个充满爱和关怀的家庭环境。同样地，在班级中，我们也需要营造温馨、和谐、积极向上的氛围。这需要我们关注学生的情感需求，及时给予他们关心、鼓励和支持。当学生遇到困难或挫折时，我们要成为他们的倾听者和引路人，帮助他们建立正确的价值观和人生观。通过情感教育，我们可以增强学生的归属感和集体荣誉感，提升班级的凝聚力和向心力。

再次，我从书中领悟到培养学生自主学习和创新能力的重要性。老卡尔·威特注重培养孩子的兴趣和爱好，鼓励他们自主探索和发现。在班主任工作中，我们也需要注重培养学生的自主学习能力和创新精神。这需要我们为学生提供更多的学习资源和机会，激发他们的学习兴趣和好奇心。同时，我们还要鼓励学生勇于尝试、敢于创新，培养他们的批判性思维和解决问题的能力。通过自主学习和创新能力的培养，我们可以让学生更好地适应未来社会的发展需求。

最后，我深刻认识到家校合作在教育工作中的重要性。老卡尔·威特夫妇在教育孩子的过程中，始终保持着与学校的密切联系和合作。同样地，在班主任工作中，我们也需要积极与家长沟通合作，共同关注孩子的成长和发展。通过家校合作，我们可以更全面地了解学生的情况，共同制订教育计划和措施。同时，我们还可以借助家长的力量和资源，为学生的成长提供更多的支持和帮助。这种家校合作的方式不仅可以增强教育的效果和质量，还可以促进家庭和学校之间的和谐关系。

总之，《卡尔·威特的教育》是一本值得一读再读的好书。它让我看到了教育的力量和美好，也让我更加坚定了成为一名好的教育者的信念和决心。我相信，在未来的日子里，我会将这本书中的教育理念和方法融入我的教育实践，为孩子们的成长和发展贡献自己的力量。